讚歎，德意志

賴麗琇 著

五南圖書出版公司 印行

序言

德國是一個位在歐洲中部的國家。一提起德國，世人會豎起大拇指稱讚它是一個工業發達、科學進步的國家。而「德國製」（Made in Germany）一般被認爲是「品質保證」的代名詞。

德國成爲讓世人感興趣的國家，可從很多方面來說。歷史上，它遲至一八七一年才成爲一個獨立而完整的國家，可說是一個遲到的民族，而這個姍姍來遲的國家一出現就令人吃驚。因爲人類歷史上，它是兩次世界大戰的策源國，雖然兩次皆敗北，卻如出一轍地在短短的時間內，猶如古埃及神話中的不死鳥，從灰燼中再生。尤其是第二次的戰敗，被戰勝國強制分成民主及共產兩個不同體制的國家，卻在四十年之後，以日耳曼民族積極、徹底及務實的精神，用不到一年的時間，透過和平的方式，將另一個實行共產體制的兄弟國家兼併，完成了舉世矚目的統一大業，不得不讓世人由衷地讚嘆「這到底是怎麼樣的一個民族」。

德國成爲在世界上令人頗感興趣及敬佩的國家是有很多原因的。德國人給人的感覺（印象），是拘謹、呆板（一板一眼）、嚴謹、守紀律、樸素、勤勞及愛整潔乾淨，似乎將他們刻劃成一個固定的模型了。說到「學德語」都會道聽途說地以爲德語是一種很難學的語言。事實上眞相如何呢？德國是個多變化的國家，在氣候、人口、生活及歷史、地理、經濟、工業、科技、文化等方面都充滿多樣化。德國是今日歐洲最富有、最強大、最有效率、最有秩序、最有生產力、擁有最現代化技術及人口最稠密的國家。目前的歐盟幾乎是德國在領導，一切以德國為馬首是瞻。

德國的工業產品以其品質俱佳享譽全球，它又是一個擁有偉大的科學、文化和藝術傳統的國家。提起德國，從各領域來看，人們立刻可以從每一個專業範圍列舉出其代表人物及其貢獻；如詩人和作家：雷辛、歌德、席勒；作曲家：巴赫、貝多芬、華格納；哲學家：康德、馬克思、尼采；科學家：西門子、龍特金、愛因斯坦；政治家：俾斯麥、史特雷斯曼、艾德諾。因此，德國被稱為思想家和詩人的國家。那麼有這麼多在人類文明史上作了傑出貢獻的德國人，卻也有如以希特勒為代表的民族敗類，給世界帶來萬劫不復的大災難。因此，有人說，德國人易走極端，其性格混合著「天使」與「魔鬼」雙重要素。

那麼德國人究竟是天使，還是魔鬼？還是和我們一樣都只是普通人？德意志民族是怎麼形成的？它有哪些特徵？德意志這個國家是如何誕生的？它和同樣也講德語的奧地利與瑞士（地處德、義、法三國交界地，有 63.9% 的人民說德語）為什麼會是分屬三個國家？也正因為有這麼多個「為什麼」的提問，所以讓人覺得德國和德國人神祕莫測、不可捉摸，也正因為如此，人們對德國這個國家產生歷久不衰的興趣。

本書從歷史及文化層面，精簡、扼要地逐一解析「德國」這個國家，佐以圖片，使人瞭解這個謎一樣的民族和國家。因篇幅所限，無法涵蓋文化全部的領域，只能約略介紹文學、音樂、哲學與建築，本人以探索、求實的精神，以及五十多年的研習和教授「德國文化史」的經歷，將之整理成書，獻給想要瞭解「德國」的讀者。拙作能順利付梓，承蒙五南圖書主編朱曉蘋女士及執行編輯吳雨潔女士的鼓勵與支持，在此致謝意。由於本人才疏學淺，謬誤之處在所難免，尚祈賢達先進不吝賜教。

賴麗琇 謹識

二〇一六年三月於輔仁大學

目次

第七章　巴洛克文化

第八章　德國民族思想之萌芽與演進

第一章

德國，這個民族

一九九〇年分裂的東、西德集天時、地利、人和的三個條件在美、英、法、蘇（前蘇聯）的首肯之下，結束了四十年的分裂統一，迄今剛好邁入二十六年，整整四分之一世紀。這個在目前的歐洲，居於歐盟（EU）領導地位的德國，現在儼然與美、蘇及中國分庭抗禮，在歐洲當然也以它爲馬首是瞻。

世人對於德國這個國家應該是不陌生的。它的人口、土地面積無法與美、蘇、中國、加拿大及澳洲等相比擬，但是在目前的政治舞臺上，無可否認，它可是個舉足輕重的要角。本章節開宗明義先扼要介紹德國文化的涵蓋範圍。以便對這個國家的輪廓有個初步地認識，進而可理解其餘各章的背景。

第一節　德國的文化景觀

德意志聯邦共和國（Die Bundesrepublik Deutschland）簡稱德國，它位於歐洲的中部。共有九個鄰國，依順時鐘的順序，依次爲丹麥（Dänemark）、波蘭（Polen）、捷克共和國（die Tschechische Republik）、奧地利（Österreich）、瑞士（die Schweiz）、法國

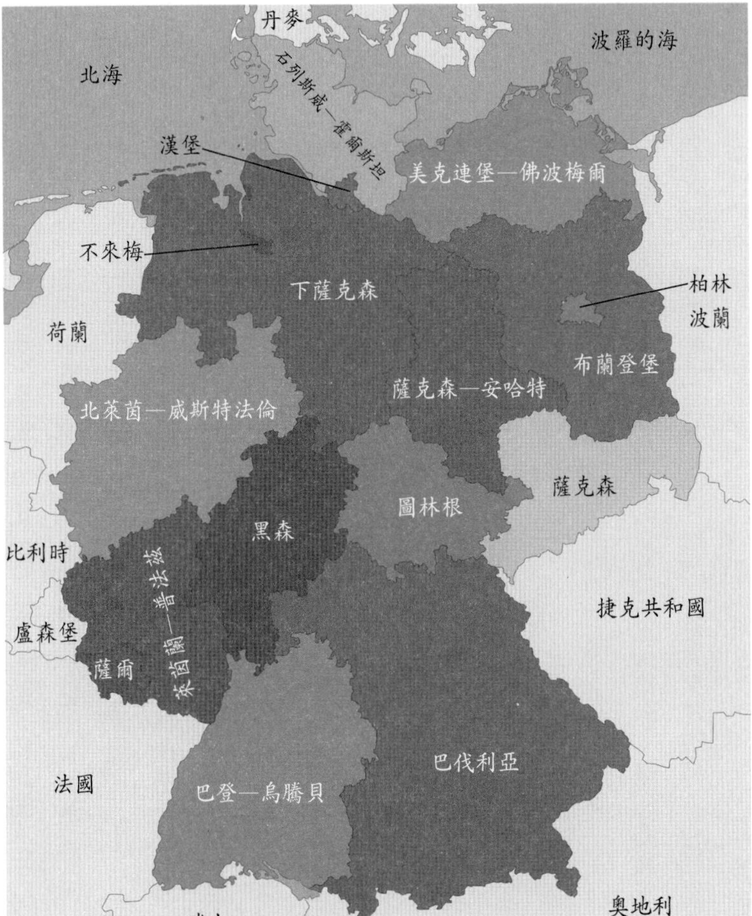

德國地圖（圖片來源：IDJ 圖庫）

（Frankreich）、盧森堡（Luxemburg）、比利時（Belgien）和荷蘭（die Niederlande）。總面積爲35.705萬平方公里，居歐洲第七位。德國南、北之間的距離爲八百七十六公里，東、西之間最遠的距離爲六百四十公里，其國境線全長爲三千七百五十八公里。它的地勢爲南高北低。**南部山地與阿爾卑斯山脈相連**，山巒起伏，森林茂密，超過四千公尺的高山冬、夏皆積雪。在北邊一直延伸到多瑙河（die Donau）的阿爾卑斯山前地及其大湖泊，波登湖（der Bodensee）、安莫爾湖（der Ammersee）、史丹柏格湖（der Starnberger See）和基姆湖（der Chiemsee）；沿著山脈河流的河岸有屬於奧地利的莎茨堡（Salzburg）、南德首府慕尼黑（München）和文化古城奧格斯堡（Augsburg）。

阿爾卑斯山前之土地毗連著德國中部丘陵地帶。從它們的名字——黑森林（Schwarzwald）[1]奧登林山（Odenwald）和威斯特林山（Westerwald）、巴伐利亞林山（Bayerischer Wald）、波梅爾林山（Böhmerwald）、圖林根林山（Thüringer Wald）和托伊托堡林山（Teutoburger Wald）皆可知這些雨量豐沛的山脈大部分都被茂密的森林覆蓋著。這些森林之間密布著肥沃的河谷地。自古以來，這裡就有無數的道路，人們在這裡首先建立了墾殖地，逐漸形成今天的大城市。沿著北萊茵河延伸著北萊茵低地平原。溫和的氣候使它獲得了「德國的水果和葡萄花園」的美名。在寬闊的河谷地不只有文化古城，如佛萊堡（Freiburg，一譯自由堡）、斯特拉斯堡（Straßburg）、[2]渥姆斯（Worms）和美因茲（Mainz），卻也座落了具代表近代工業中心的城市卡爾斯魯爾（Karlsruhe）和曼海姆（Mannheim）。

從黑森林的東北邊一直向著內卡河（der Neckar）的盆地和山谷伸展，有斯圖加特（Stuttgart）和海德堡（Heidelberg）兩座名城。在美因河（der Main）和它的支流旁有紐倫堡（Nürnberg）、烏茲堡（Würzburg）和大工業及商業城法蘭克福（Frankfurt）。在萊茵河中段如詩如畫的山谷有科布連茨（Koblenz）和波昂（Bonn）兩座城市。哥廷根（Göttingen）和卡塞爾（Kassel）濱臨威悉河（die Weser）和其支流，另外還有易北河（die Elbe）繼續向北延伸進入北德低地平原。

北德低地平原是中歐第三大自然景觀。它像一個屋頂的形式，其走勢是從南往北傾斜，並且以北海（die Nordsee）和波羅的海（die Ostsee）爲界。中歐所有的河流幾乎都是由南（地勢高）往北（地勢低）流，比如萊茵河（der Rhein）、威悉河、易北河和奧德河（die Oder），只有多瑙河（die Donau）是例外，它從尤拉山脈（Juragebirge）和巴伐利亞林山往東南方向流。在威悉河和易北河的注入口有漢堡（Hamburg）和不來梅（Bremen）兩座大港口城市，有「德國通向世界門戶」的美名。在其南邊的低地平原③有豐富的煤礦和鐵礦，

---

① der Wald是森林之意。
② 斯城位於德、法邊界。
③ 海拔二百米以下的平原。

莫塞河（Mosel）為萊茵河左岸最大的支流（圖片來源：賴麗琇攝）

以前羅馬人建立的城市科隆（Köln），西德首都波昂（Bonn）和著名的魯爾大工業區（Ruhrgebiet）即座落於此。今天，這個在魯爾區和沿萊茵河岸的移民區之城市，比如杜塞多夫（Düsseldorf）、杜伊斯堡（Duisburg）、艾森（Essen）、多特蒙德（Dortmund）和許多其他的城市，幾乎都一起發展成一個大城市，共有超過一千多萬人口。

繼續往東邊我們可以看到在北德低地平原的漢諾威（Hannover）、瑪格德堡（Magdeburg）和萊比錫（Leipzig）這三座大城，在其南面邊緣座落著威瑪（Weimar）和德勒斯登（Dresden），德勒斯登的北邊即是舊的帝國首都和新的聯邦首都柏林（Berlin）。不管是在西邊還是在東

位於柏林的布蘭登堡門，門頂為勝利女神雕像（圖片來源：IDJ 圖庫）

夏洛滕堡皇宮為柏林現存最大的宮殿（圖片來源：IDJ 圖庫）

邊，中歐的自然景觀都廣袤地延伸越過德國邊界；也即是指德國在西邊和東邊都沒有天然疆界。這種特殊性其實是深具意義的。它使得和鄰國的貿易、交通及文化交流變得更簡便一些；但無疑的，它也常是爭執和戰爭的肇因。世界上很少有像德國東邊和西邊的邊界如此頻繁地有爭議的和如此頻繁地改變。德國在這個邊界範圍內，於政治上的定義是一個國家。這個國家冠有「德意志聯邦共和國」的稱號，自從一九九〇年十月三日以來，東德和東、西柏林也屬於這個國家。

就政治而言，德國的國家疆界深具意義；就文化生活而言就不能這樣說了。蘇黎世（Zürich）和巴塞爾（Basel）政治上屬於瑞士，莎茨堡和維也納（Wien）屬於奧地利，但是從文化來看，它們可都是德國的城市。德國的文化空間比德國這個國家還要大。它不只包括德國公民生活的地區，還包括以德語爲母語的人所移民、所定居的地區。但是語言界線也不是一種文化界限。如果德國的文化財富沒有接收古希臘、古羅馬和東方的文化，沒有向法國人、義大利人、西班牙人、盎格魯薩克森人、斯堪地那維亞人和斯拉夫人等學習的話，德國文化內涵也會非常貧瘠的。而另一方面這些民族的文化從德國的古騰堡（Gutenberg）和路德（Luther）、從西門子（Siemens）和戴姆勒（Daimler）、從龍特金（Röntgen）、愛因斯坦（Einstein）和普朗克（Plank），經由康德（Kant）和黑格爾（Hegel）的哲學、經由巴赫（Bach）和韓德爾（Händel）、海頓（Haydn）、莫札特（Mozart）及貝多芬

（Beethoven）的音樂，也開擴了視野，從而豐富了思想的內涵。

德語區的國家並不是一個被孤立的文化空間。它們都是屬於歐洲的一個大文化共同體和民族家庭的一部分。經由這個家庭的成員和平地「給與」和「接受」，在歷史的長河中發展出歐洲的文化；它今天的發展是和世界其他全部的文化透過和平地交換而來的。每一個民族家庭的文化根源皆立足於其歷史；如果沒有回顧過去的話，就既無法瞭解今天的經濟和社會，也無法瞭解政治和制度，至少無法瞭解我們這個時代的文化生活。

德國的地理位置適中，氣候宜人。它位於北緯47°至55°之間的北溫帶，全年盛行西風。西風帶來大西洋的溼暖空氣，因此溫和多雨，海洋性氣候特徵顯著。氣候可說甚爲優良，既適於作物生長，又適於人體健康。東南部距海雖然較遠，當地的氣溫和雨量對於作物的生長亦無嚴重的影響。接近西歐的西北部海洋性氣候很明顯，氣候更優良，氣旋與反氣旋連續的經過本區，天氣時常改變，自西北向東以及向東南，逐步朝大陸性氣候過渡，富有刺激力，是德國人文發展的重要因素之一；德國木材不感缺乏，亦爲優良氣候的結果。

德國位於西歐與東歐兩氣候型之間，地形方面，德國北部又是平原，且北大西洋的影響可直達大陸的內部；所以德國氣候具有海洋性與大陸性的特徵。德國西北部接近北海，屬海洋性氣候，由此向東，季節變化漸趨尖銳。西北部的雨量比東部與南部還多。中部臺地區不甚高峻，不能成爲氣候障壁。德國境內一般的溫差都非常小，只有在緯度高、地勢高的地方，冷熱的差別才會比較明顯。

第二節 德國人

一、人口和居民

德國總人口八千二百一十萬人（其中外國人七百三十萬）。每平方公里人口平均密度為二百三十人。是歐洲人口最稠密的國家之一，僅次於比利時、荷蘭和英國。二〇〇一年一月一日起，新的德國國籍法生效，凡從此以後在德國出生的孩子，只要他父母親中有一方在德國居住滿八年，原則上都可以獲得德國籍。

德國人口分布極不平均，重要的人口聚集區是萊茵—美因區的城市法蘭克福、威斯巴登和美因茲，在萊茵—內卡工業區的曼海姆和路德維希哈芬（Ludwigshafen）、斯圖加特周圍的經濟區，還有不來梅、德勒斯登、柏林、漢堡、科隆、萊比錫、慕尼黑和紐倫堡、福爾特（Fürth）[4]等大都市。其中魯爾區的人口密度最大（平均每平方公里五千五百人左右）。相對的，像北德低地區的荒地及沼澤地一帶、埃佛山區（Eifel）、巴伐利亞森林、北普法茲

（Oberpfalz）、布蘭登堡邊境及美克連堡—佛波梅爾的大片地區是人口較稀少的地方。在德國東部地區有五分之一的人口（一千五百三十萬）居住在將近百分之三十的德國土地上。二十個超過三十萬居民的大城市在德國東部只占三個。

德國境內尚有四個少數民族：索布人（Sorben）、佛里斯人（Friesen）、丹麥人和德國吉卜賽人（Sinti und Roma），德國法律也立法保護少數民族和外國人。

索布人是斯拉夫族的後裔，大約有十萬人。他們居住在德勒斯登以東的勞濟茲山區（Lausitzer Gebirge），第六世紀民族大遷徙時，他們移民到易北河和薩勒河（Saale）的東邊，在六三一年他們有了第一個文獻記載。十六世紀時，在宗教改革的影響下，形成索布族的書寫語文。除了萊比錫大學設立的索布系研究所外，還有一些學校、組織和其他的一些公共機構致力於保存索布語和文化。希特勒統治時，曾計畫消滅索布人。二戰結束後，東德和現在的德國均特別關心索布人，尤其是致力於保存他們的語言和文化。現今約有三分之一的索布人使用索布語。他們的民俗已逐漸成爲吸引遊客的賣點。

德國要感謝外國工人的地方很多：他們對德國的經濟成長有很大的貢獻，兩德統一前，

④在巴伐利亞邦內，與其鄰近城市紐倫堡組成一個經濟體系。一八三五年築成的連貫紐倫堡至福爾特的鐵路，是德國第一條鐵路。

每年共同支援大約一千億馬克的社會生產總額。雖然兩德統一後，失業、難民、政治庇護、仇外事件等社會問題應運而生，在德國各大城市皆有仇視外國人的暴力事件發生，但理智的德國人已與外國人設法致力於逐步改善彼此的關係。

二、宗教信仰

德國的國教是基督教（Christentum），約有五千五百多萬人信仰基督教。其中約有二千七百萬人信奉羅馬天主教（Römisch-Katholische Kirche）。新教即路德福音教（Lutherisch-Evangelische Kirche），一稱耶穌教（Protestantische Kirche），約有二千八百萬信徒。尚有少部分居民信仰猶太教（Judentum）、希臘—東正教（Griechisch-Orthodoxe Kirche）和伊斯蘭教（Islam）。德國北部地方居民大多信仰路德福音教，南部則信仰羅馬天主教，中部則是兩種教派皆有人信仰。

德國有多種教派，這可追溯到中世紀幾次遍及歐洲的宗教改革和宗教戰爭。尤其一五一七年馬丁．路德石破天驚的宗教改革，創立了所謂的路德新教，使歐洲原先一統天下且屹立不搖的羅馬天主教分裂成兩派，即現在路德的福音教和羅馬的天主教。當時宗教改革的發源地在德國北部，因此北部地方和北歐諸國皆爲路德福音教（新教）的勢力範圍，南部和南歐地區（如法國、西班牙、奧地利）則爲天主教的勢力範圍。兩教常爲爭奪教會的最高權力，發動戰爭。規模最大的第一次歐洲全面戰爭，即是一六一八年至一六四八年的「三十年戰爭」。最後，雙方以「在誰的國家，就信誰的教」之原則達成協議，締結和約結束了戰爭。此和約使德國分裂成三百一十四個封建國家，並使德國成為多教派的國家（見第二章「德國簡史」第32－33頁及第六章第二節「路德的宗教改革與當時的文化生活」）。

三、民族性格

自古以來，每一個民族皆有其獨特的個性，比如美克連堡人被認為性格內向、難以接近，施瓦本人被認為勤勞、相當節儉，萊茵河地區的人被認為喜愛尋歡作樂，而薩克森人被認為又勤勞又機靈。巴伐利亞人鄉土觀較重、較保守、團結，法蘭肯人進取心和事業心強、性情開朗、熱情好客，黑森人思想活躍、富有幽默感，佛里斯蘭人性格木訥，自尊心強、不太善於交際，但守信用、講義氣、重友誼，柏林人性格剛毅、生活樂觀、詼諧風趣並健談。以上這些依民俗的區分法，以傳統經驗來辨別認定一個人的特性，至今還為人津津樂道。

那麼到底德國人的民族性格是什麼？追本溯源得從日耳曼人談起。早在民族大遷徙之前，就有許多日耳曼人部落定居在今天的德國的土地上了。現在這些原始部落很久以前就消失了，但他們的某些生活方式和風俗習慣還保留至今。在近二千年歷史的長河中，德意志民族的地方民族主義一直是根深蒂固的，因此不易團結，造成長期的分裂；又由於沒有一個強大的中央集權政府，長期以來，各邦國爲爭奪霸權，展開了多次曠日持久的戰爭。此外，由於地處中歐，其地勢又是一塊北低南高的平坦丘陵地，與多個鄰國並無天然疆界以資屏障；境內山川橫亙其間，不利於操各種方言的多種族人民之間的溝通，對外無法維持國土的完整性，任憑敵國的軍隊長驅直入。德國與其鄰國進行多次的戰爭，規模較大的戰爭有三十年戰爭（一六一八～一六四八）、反拿破崙的德意志民族解放戰爭（一八一三～一八一五）、德意志統一戰爭（一八六四～一八七一）以及兩次世界大戰。這些戰爭造就了德意志民族的剛毅性格、不畏強暴、敢於鬥爭的精神。當事情進展順利（比如打勝戰時），漸漸產生一種驕傲及強烈的民族自豪感和種族優越感。如果配合偶發事件和特定的歷史條件，一經居心叵測的野心家或統治階級的煽動和唆使，正面、強烈的民族主義則衍變成負面的社會沙文主義，最後發展出一種異端邪說，即「亞利安種族優越論」，並成爲德國帝國主義發動第一次世界大戰和納粹主義發動第二次世界大戰堂而皇之的「理論」基礎。第二次世界大戰後，德國人民總結了歷史的慘痛教訓，徹底地作了自我反省，並清算了「種族論」。這種民族自我反省精神使德國人重新站起來，與錯誤的過去劃清界線⑤，並且夙夜匪懈、兢兢業業地重新再出發，加上埋頭苦幹，使德國人重新獲得了世界各國人民的信任。

德國爲何會被稱爲遲到的民族？它的兩個鄰居，英國和法國早於十三、四世紀就建立了自己的民族國家，並分別於十七、十八世紀完成了民主革命，領先世界各國，成爲一個近代進步的民族國家。這說起來又是人爲因素，即德國人的特性，謹愼小心、堅持理性、特立獨行、無安全感、不易團結、自掃門前雪的行事風格⑥，都是阻礙德國提早成爲一個統一的民

⑤納粹統治德國時，立即對反對者施壓。許多在科學、文學、藝術及建築等領域的菁英分子被迫逃亡，淪落異鄉。心繫祖國的湯瑪士．曼（Thomas Mann，一八七五～一九五五）流亡美國，在〈德國與德國人〉的演講中，曼氏剖析了德國人的民族心理與性格，同時發自肺腑，明確地周知世界：「沒有兩個德國，即不存在一個壞的和一個好的德國，這世界上只有一個德國，只不過是這個德國最好的一面被魔鬼用計策給引誘了，而變成了惡的。惡的德國，也就是那個走錯了路的好的德國，而好的德國，也就是那個遭受著不幸的，有罪孽的和正在遭到毀滅的德國。」曼氏將自己衷心希望國際社會能夠以寬容的態度認識德國，原諒德國，並能夠給德國民族一個改過更新的機會，曼氏言詞懇切，溢於言表。從此段呼籲也看出曼氏身爲德國人的驕傲，以德國人爲榮。

本段話錄自曼氏選集：Thomas Mann: Deutschland und die Deutschen〈德國與德國人〉刊載於《曼氏選集》：Politische Schriften und Reden 3. Fischer Verlag. Frankfurt am Main.1960. S.176.

⑥德國人嗜飲啤酒。德語中有一句俗語叫：「Das ist nicht mein Bier.」直譯就是「這不是我的啤酒」，而眞正的引申意思是「這不關我的事」。這句日常用語，指出德國人「自掃門前雪」的個性。

族國家的原因。還有一個重要的因素是德國人對於「德意志民族神聖羅馬帝國」的國名迷戀不已，這個有名無實的國號使德國人大一統的心態表露無遺；被稱爲兩次世界大戰的肇始國，其來有自。

那麼什麼是典型的德國人呢？什麼是深植於日耳曼民族血脈中的精神和思想特質，什麼是聯繫所有德國人代代相傳的特徵呢？我們可以大略歸結幾點：

1. 到處秩序井然

德國人無疑是一個講究原則、規章、制度、紀律及秩序的民族。每個人都有自己的「歸屬」，即應該堅守的崗位。甚至連每樣東西也不含糊，都有其「合適」的位置。從幾件事情可以看出端倪，當外國人在德國旅遊時，第一個印象或感覺即是那裡的空間、地區和建築物皆分布得井井有條。到處可見維持秩序的標示牌和禁令牌。禁止做某件事情的德文字是「verboten」，這個詞也許是每個外國人在德國最早學到的單詞。這種井然有序的文化也可以從一個德國工人和一個法國工人身上看出：當工人在安裝天花板的吊燈時，不小心將螺絲釘掉到地板上了。法國工人的尋找方式像無頭蒼蠅四處張望，德國工人則不慌不忙地先在地板上畫了約十來個方格，然後按著順序一個格子一個格子地尋找。講究規章制度還表現在時間安排上。德國不僅有明文規定的工作和學習時間，而且還嚴格規定商店營業時間，準時開門與關門。家庭婦女在家中也有各自的行程安排。德國人去商店買東西之前，他們大多數會先列一張購物清單；在德國的百貨公司或是超級市場常會看到一手推著購物車，一手拿著清單買東西的德國人。

從日常生活中的小細節到一切必須絞盡腦筋、周密思考地辦事，德國人特別偏愛「秩序」，而德國人眞的也落實了「秩序」一詞的含義。這可從日常生活中另一句普通的問候詞「Ist alles in Ordnung?」（一切都好嗎？／一切都符合秩序嗎？／一切井井有條嗎？）看出德國人要使用詞義是規章、制度、秩序及紀律的 Ordnung 這個單字的用意。大到正事，小到日常生活的細節，比如若有人將家裡的收音機或電視機開得太大聲、在家舉辦宴會或聚會時，音量過大或是小孩的吵鬧聲干擾左鄰右舍；德國人會爲這一點小事去打小報告，因爲隔不了多久，你家的信箱會有一張勸告便條紙，或有可能社區管理人員登門拜訪。如果你去朋友家作客或應邀赴宴，準時抵達即可，但如果早到了五或十來分鐘的話，千萬不要想說，反正沒有遲到，早到總比晚到好，便去按門鈴，這是萬萬不可以的，奉勸你可到附近散個步或乾脆在門外等待，因爲你這樣做會妨礙到主人的「秩序」（比如：也許主人還沒有準備就緒）。

這種對「秩序」情有獨鍾導致德國人去尋找或樹立一個權威，一個「絕對權威」——國家或領袖。因爲權威可以制定法規條文，使世界和社會上軌道、有法則、有秩序、有條不紊。這種因素也就是德國人尊敬和崇拜權威的原因之一。我們可以從這一點來探討爲什麼希特勒剛開始掌政時，受到德國民眾的認同與歡迎？因爲他就是「權威」的代表。希特勒的才智沒有給人留下深刻的印象，但是他執政初期的「經濟奇蹟」、「外交奇蹟」及「政治奇蹟」的表現使德國人狂熱地崇拜他⑦（見第二章「德國簡史」第48－49頁），因爲他就是「秩序」的代言人。

爲了使權威制定的法規條文得以貫徹執行，德國人嫉惡如仇，透過舉發控告違規的人，他們覺得盡了應盡的職責與義務，使別人尊重並恢復秩序，他們絲毫不會感到打小報告是一種卑鄙的小人行爲，反而覺得做了一件應該做的事，而覺得心安理得。

德國人是最重守時的民族之一。德國的公車站牌告示欄記載著公車於何時抵達何站，幾乎是分秒不差，很準時的。火車的行車時間也是如此，懸掛在月臺上的火車行駛進站及離站的告示牌明示每列火車的詳細資料，第幾車廂的火車在到達月臺邊的停靠位置，也幾乎很準確，萬一火車誤點（尤以冬天下雪時較常發生），車站會及時地以擴音器廣播，從何時、何地開出的火車因何事故會誤點幾分鐘，請求乘客原諒並耐心地等待。

2. 德國人舉止「端莊」、「中規中矩」

當德國人出現在公開場合以及與人交往時，講究舉止端莊，他們盡其責任，對人適度敬重，事事循規蹈矩；儘管德國人在傳統的人際交往中顯得非常古板、拘泥形式，初次見面以「您」（Sie）相稱⑧，然而他們並不視這種禮貌有多大價值。與此相反，誠實和眞誠對他們來說，比其他任何東西更重要。

在私人交際圈內，德國人喜歡無拘無束。在這種場合，他們不再感到自己是「官員」（Beamter），而是「常人」（Mensch）。他們很樂意同朋友聚會，因爲朋友在他們眼裡完全不同於相識的人。與朋友相稱，他們都用小名（Vornamen），並以「你」稱呼對方，他們還會與朋友開誠布公地談論自己的煩惱，也即今天一般也把「眞誠」和「坦率」的個性看作德國人的特徵。而與相識的人他們則非常客氣地、禮貌上保持一定的距離。

3. 辦事精細特別重要

德國人做事認眞仔細，對於一切要求非常嚴格。尤其是很多外國商品要賣到德國去，往往使外國商人感到頗爲困難，因爲德國人對品質的要求相當嚴格，即使對自己本國產品的要求也一樣嚴格地把關；因此，能夠在德國被准許販售的物品，其品質在世界各地均獲得認可。

⑦據歷經希特勒統治的友人告訴筆者，在她年輕時，深夜二、三點獨自在街上行走，仍然相當安全沒事。不像現在在大白天就會發生搶劫的事情。

⑧德文有尊稱形您／您們（Sie）的用法，動詞要用複數形。其與親切形你／你們（du / ihr）的區別，一般親朋好友及熟悉的人以「你」稱呼；公司、行號、同行人士和辦公室同事，或下屬對上司都用「您」，陌生人士、不熟悉的人、百貨公司的銷售員和顧客之間，皆以「您」稱呼。

德國人的徹底認眞，在職業活動中表現得尤爲突出。根據傳統，「職業」（Beruf）不同於單純的「工作」（Arbeit）⑨。在他們的認知裡，工作僅僅是爲了賺錢，而職業是他受過正規專門教育，下過心血，努力學來的一門「專業」。每一個德國人爲能掌握一門專業技術並能出色地工作而感到自豪。能夠出色地完成一項工作的感覺，對德國人的自尊心十分重要。現在，由於現代化分工和自動化操作，他們再也不能看到自己辛苦的勞動成果了，所以德國人的勞動熱情也有所降低。許多德國工人對此表示非常不滿。

總而言之，德國人給人的印象是：能幹、仔細、可靠、嚴肅，但也有點慢條斯理、刻板和固執。許多外國人希望他們活潑一些、輕鬆一些。

4. 最狂熱的集會結社民族

德國人的另一個特性是喜歡集會結社，世界上再也找不出一個民族比德國人更好此道。根據二〇一一年的統計，在德國共有五十七萬四千三百九十九個社團，會員共有七千多萬人。光是人口約四十五萬的萊比錫就有四萬四千個社團，可想而知德國人是多麼地熱愛參加社團。難怪有人戲言：「三個德國人在一起，便會組織一個社團。」每個德國人平均參加約三個左右的社團也不足爲怪。德國人的社團類別千奇百怪，比如一般常見的集郵社團、養鴿社團、園藝社團、射擊社團、工程師社團、時事討論社團及最多人參加的足球社團與德國汽車社團等等之外，尚有一些光怪陸離、令人啼笑皆非的社團，比如肥人社團、禿頭社團、反對打領帶社團等等五花八門，不勝枚舉。

與德國人源出一脈的奧地利人，對於集會結社也是同樣熱衷無比，其首都維也納亦被推爲協會組織城市。據說當地單是協會幹事便有十幾萬人之眾。

世界上不管哪一國人、哪一種民族都有自己獨特的民族性格，那麼這種民族性格是如何形成的？中國有句俗話說：「一方水土養育一方人」。這即是說每一個民族的獨特性格是在特定的環境裡耳濡目染中形成的，是從歷史長河中累積而來的，是父子相沿，代代傳承下來的。

---

⑨此字日常慣用語也拿來當作「職業」用。

第二章

德國簡史

第一節　約八〇〇年左右至一九四五年

混亂的民族大遷徙結束之後，在法蘭肯族多位國王的經營之下，於西歐和中歐逐漸成爲一個名爲卡洛林王朝（Karolinger）的新帝國。其最具代表意義的統治者就是卡爾大帝（Karl der Große，七六八～八一四）[①]，在雄才大略的卡爾大帝統治下，其版圖從庇里牛斯山（Pyrenäen）一直到易北河（Elbe），從羅馬直到北海。西元八〇〇年的耶誕節卡爾國王率眾前往羅馬的教堂作禮拜；禮畢起身時，教宗出其不意地將王冠置於其頭上，並三呼萬歲，稱他爲羅馬的皇帝。羅馬人有了新皇帝，法蘭肯帝國也因此成爲「羅馬帝國」[②]的繼承人。卡爾成爲羅馬帝國的保護者和基督教界的領袖。

在皇帝的保護及和平時期，藝術和文學也有了新生命。富爾達（Fulda）、聖加崙（Sankt Gallen）和雷根斯堡（Regensburg）的修士們以古德語寫出第一批作品，這時第一次在手抄本出現了，„deutsch"（德語）這個字[③]。法蘭肯王國在卡爾大帝死後分裂了。卡爾的獨子繼承了他的遺產，及至其三位孫子更因爭奪天下，而兵戎相見。八四一年，長孫洛塔爾一世（Lothar I.，八四〇～八五五年在位）繼承王國，兩位弟弟不滿他繼承帝國頭銜及分得大部分土地，以他曾虐待老父等多種藉口，於八四一年聯合出戰長兄，但不分勝負。

而兩位弟弟因此宣誓聯盟相互保證反對長兄的野心。後人根據八四二年的「斯特拉斯堡誓約」才得以窺見法蘭肯帝國境內分化成兩大語系，西法蘭肯王國的人民早已接受高盧（現今法國）和羅馬的語言與習俗，他們使用的是變體的拉丁語及羅曼斯語（即拉丁語摻和法蘭肯土語）混合而成的語言，即今日的法語來源；在日耳曼路易的東法蘭肯王國住著昔日講「多伊奇」語（deutsch，音譯，即今之德語）的各種日耳曼部落。當時的人以為這個詞只是語言的區別，很久之後人們才瞭解，Deutsch 這個詞不只是指語言，還有「民族」和「土地、國家」的意思（終於將 die Deutschen「德國人」及 Deutschland「德國」的意義定位下來）。所以日耳曼路易使用的是早期日耳曼語（即條頓語）。當作戰時，為讓雙方武士容易瞭解，兩位領導人彼此以對方境內的語言宣誓，使對方的武士能理解。此即今天的德、法兩國語言分歧之始，並且衍變成兩個政治實體；德、法邊界也因此而形成。兩國皆公推其祖父為他們的開國元勳，法文的查理曼（Charlemagne）大帝與德文的卡爾大帝（Karl

①二〇一四年為卡爾大帝逝世的一千二百年紀念，德國報紙的紀念文章裡，推崇他為第一位德國人。

②據說卡爾本人對羅馬皇帝的頭銜根本不感興趣，他被說服接受帝國頭銜的最可能原因，基本上是為了取得與拜占庭的皇帝平等的地位。

③詳見第三章第二節「德意志語」。

der Große）實則同一個人。歷史書大部分則以「查理曼」書寫。從此以後，兩地的居民有了共同的歸屬感，而 Deutsch 一詞才由代表語言，進而代表居住的地方，即把表示「土地」或「國家」的 Land 一詞加在 Deutsch 之後。同時德國的西界線很早就底定了，即德、法兩國邊界線劃分得很清楚，而且非常穩定，少有變更。相對地，德國東界卻常常改變，西元九〇〇年時，德國大約以易北河及薩勒河（Saale）與東邊國家分界。此後幾百年來，德國一直向東殖民直到西元十四世紀方才停止，而德國與斯拉夫民族（指波蘭）的界限，卻一直到二次大戰後，待東、西德二十六年前（一九九〇）要統一了，方再次確定統一後的德國與波蘭的邊界。

當東法蘭肯王朝最後一位皇帝幼兒路易（Ludwig IV., das Kind，八九三～九一一年在位）去世時，卡洛林王朝宣告終結；各獨立國紛紛成立，日耳曼四個勢力最強大的選帝侯公侯國薩克森（Sachsen）、巴伐利亞（Bayern）、法蘭肯（Franken）和施瓦本（Schwaben）推選無卡洛林血統的法蘭肯公爵康拉德一世（Konrad I.，九一一～九一八年在位）爲國王。從這時起，東法蘭肯王國被看作德意志國家，康拉德一世也被認爲是德意志王國的第一個國王。德國史學家慣以把西元九一一年康拉德當選國王視爲法蘭肯帝國的滅亡和「德意志史」的開端。康拉德未經羅馬教皇加冕，這意味著完整的法蘭肯王國的分裂。康拉德一世正式的官名是「法蘭肯國王」，稍後又稱「羅馬國王」，帝國名字自十一世紀以來就稱爲

「羅馬帝國」，自十三世紀以來稱爲「神聖羅馬帝國」，在十五世紀又加上「德意志民族」的稱號，國名成爲「德意志民族神聖羅馬帝國」。選帝侯方式一直是其政體，帝國是一個選舉王朝，國王由高級貴族中選出，新國王必須和他的前任有血緣關係。這種基本條件多次被破壞；重複選舉有時也變成雙重選舉。

中世紀帝國沒有一個首都，沒有中央徵稅制度，國王需要到各地巡迴統治。國王的生計由帝國的遺產所分配到的土地中抽取貨物徵收稅來維持。因此國王的權勢也未被公認。只有當國王的軍事力量強大，重新掌握政治權時，才能獲得公爵及貴族們的敬重與服從。直到薩克森公爵被康拉德指定並被選爲其繼承人的海英利希一世（Heinrich I.，九一九～九三六）及他的兒子奧圖一世（Otto I.，九三六～九七三），即奧圖大帝（Otto der Große）才成爲國土眞正的統治者；尤其是奧圖於九六二年在羅馬被加冕時，恢復了羅馬—德意志帝國的權勢。此後形成一種風氣，凡是德意志國王就必須經由教皇加冕，而國王必須爲加冕專程趕到義大利去，經由加冕來確立德國國王統轄義大利政治的事實。北義大利及義大利中部先後被德國統治了約三百年之久。

奧圖大帝統治時，版圖雖然已不包括法國，然而他不久即在東部將帝國版圖推到奧德河。雖然一再地有桀驁不馴的王公諸侯起來反對，甚至叛變，但是奧圖委託精力充沛、且有教養、有文化的主教替他分擔國事，這些人對他忠貞不二。他們全力管理帝國和教會，並致力於維持和平、公理正義。查理曼大帝及奧圖大帝統治時，將政治權與宗教權掌握於手中，號稱被上帝所加冕的德國皇帝，史稱**「第一帝國」**。

薩克森王朝末代皇帝去世後，公爵們選舉奧圖大帝的外曾孫法蘭肯沙利爾（Salier）家族的康拉德公爵為國王。號稱康拉德二世（Konrad II.，一〇二四～一〇三九年在位），王位傳到他的孫子海英利希四世（Heinrich IV.，一〇五六～一一〇六年在位）時，他把王權及國王權益提升到最高點，並且確立皇帝權益優於教皇制度的優先權。海英利希四世和說過：「教會不是帝國的女僕，而皇帝是被上帝加冕的羅馬教皇之僕人。」的教皇葛列哥七世（Gregor VII.，一〇七三～一〇八五）之誓不兩立，是中世紀歷史膾炙人口、轟動一時的大事。皇權與教權發生衝突，當教皇祭出驅逐海英利希出教，並且宣布罷黜他的帝位時，聰明的海英利希四世於一〇七七年一月越過阿爾卑斯山，來到教宗臨時行轅所在地卡諾沙（Canossa）城堡之前；時值寒冬臘月，大雪紛飛，天寒地凍，他身穿粗麻布衣的懺悔服，赤著雙足在城堡下跪了三天三夜，誠心地表示痛改前非，祈求教皇的寬恕。葛列哥只好赦免他了，讓他恢復教籍，重登帝位。海英利希回德國後，用武力一一平定了不馴服的諸侯，接著一〇八一年他聲討葛列哥，再次越過阿爾卑斯山，進軍義大利，一〇八四年攻陷羅馬，這時葛列哥只好棄城逃跑，最後客死他鄉。這是中古世紀史一段耳熟能詳的政教衝突事件，此後，中古世紀的皇帝和教皇的齟齬不曾間斷。一一三八年開始統治的斯道佛（Staufer）

佛利德利希一世，綽號「紅鬍王」
（圖片來源：IDJ 圖庫）

王朝名王，綽號紅鬍王④（Friedrich I., Barbarossa，約一一二二年生，一一五二～一一九〇在位）對教皇發動戰爭，血流遍布北義大利各城邦及他的死敵薩克森公爵獅子王海英利希（Heinrich der Löwe，一一二九～一一九五）轄下的各地域，國土也因之而四分五裂。紅鬍王之子，海英利希六世（Heinrich VI.，一一九〇～一一九七在位）及其孫子佛利德利希二世（Friedrich II.，一二一二～一二五〇）繼續推廣國王的權力，教會及貴族淪爲半君主的土地管理者。後來，以往普及全歐的

④佛利德利希一世因其鬍鬚是天生的紅色，故其綽號爲紅鬍王。Barbarossa是義大利文，紅鬍子之意。一一八九年三月他率領十字軍東征，一一九〇年六月卻不幸在一條小河沙勒非（Saleph）沐浴時溺斃。

王權也隨著斯道佛家族的沒落而式微了。但是相互傾軋的權力爭奪妨礙德國走上民族國家的道路，這也是使德國後來落後歐洲很多國家，較晚成爲民族國家的原因，因而被認爲是一個遲到的民族。

斯道佛王朝結束後，自一二五四迄一二七三年，日耳曼的皇位一直虛懸著，長達十九年，在這一段「空位期」之間，日耳曼的諸侯利用皇位的競爭者希望得到他們支持的心理，左右逢源，予取予求，他們從君主所篡奪來的權力現在成爲名正言順的權力，每個諸侯皆有機會成爲日耳曼的眞正統治者。從此以後，帝國的皇帝不再是世襲，而是由最有權勢的諸侯組成選侯會議，經由「選舉」的方式產生。史上共有七位最有權力選舉皇帝的「選帝侯」——即四名世俗諸侯（薩克森大公爵、布蘭登堡邊疆伯爵、波門國王和巴伐利亞大公爵）和三名教會諸侯（美因茲、科隆和特里爾的大主教）。

一二七三年選侯會議選了一位哈布斯堡（Habsburger）家族的魯道夫（Rudolf，一二一八～一二九一）爲皇帝，他的領地大部分位於現在的奧地利。當選時，他已經很老了，沒有人會想到他以後權勢如日中天，並且打造出一個輝煌的哈布斯堡王國，屹立了六百八十餘年。自一二七三年後，各邦君主爲爭奪皇位而相互傾軋，爭鬥不休，其中最重要的君主有奧地利的哈布斯堡家族、巴伐利亞的魏特爾斯巴赫家族（Wittelsbacher）、波門家族（Böhmen）、盧森堡家族（Luxemburger）、以及後來居上的普魯士霍亨佐倫家族（Hohenzollern）。自一四三八年起，帝國的皇位轉入哈布斯堡家族手中。哈布斯堡家族成員既是奧地利國王，又是帝國的皇帝，一直到一八〇六年帝國滅亡。

魯道夫對皇室應有的義務和帝國領土是否完整漠不關心，他只想要爲他的家族加強王族的權力並在日耳曼建立世襲的君主政體。王室的財源不再是以往帝國的土地、貨物稅收，而是哈布斯堡家族的貨物稅收。因此每一個國王都以家族統治爲首要利益。一三五六年起，卡爾四世（Karl IV.，一三一六～一三七八）頒布的「黃金勅令」（Goldene Bulle）確立七個貴族選帝侯的權力，並給予其他更多的優先權。此時當一些伯爵、男爵、騎士等階級逐漸沒落時，相反的，城市逐漸富裕起來，並有了經濟影響力。一些城市的結盟使它們繼續茁壯起來，眾多這種結盟中的一個即漢薩同盟（Die Hanse），於十四世紀時，在波羅的海地區居於領導地位（詳見第五章第一節）。

自從一四三八年以來到一八〇六年止，神聖羅馬帝國的皇帝除了兩個外，其餘都是哈布斯堡王室的人，這世襲的王朝其權勢仍相當強大。十五世紀，呼籲改革之聲響起，馬克希米利安一世（Maximilian I.，一四九三～一五一九）成爲第一個不經教皇加冕而被公認的皇帝。他嘗試改革，但並沒有成功。他設立帝國國會（Reichstag）、帝國區域（Reichskreise）及帝國最高法院（Reichskammergericht），這些機構雖然一直延續到一八〇六年帝國結束，但無法阻止其政治上繼續四分五裂，並由此演變成二元論的「皇帝與帝國」：帝國最高統治者與選帝侯、王公諸侯及城市對立，皇帝的權力經由選舉時和選帝侯們的協商受到限制並且逐漸被淘空。王公諸侯們，特別是一些大諸侯振振有詞地以帝國的權勢擴張他們的權力。然而帝國還是繼續保持住了：帝冠的光彩並沒有褪色，帝國理念還活生生地存在。帝國聯盟在強鄰的攻擊下，還是會保護中、小領地。

許多城市逐漸成爲經濟重鎮；特別經由貿易量大增而獲利。透過手工業行會運作的紡織工業和採礦已經形成一些經濟模式，還有遠洋貿易已經有早期資本主義的風格。同時經由文藝復興和人文主義已經徹底地改變了一種精神面貌。尤其是提倡新的自省、批判精神，特別是反對教會的弊端。

哈布斯堡家族的卡爾五世（Karl V.，一五一九至一五五六年在位）透過聯姻政策，他同時是西班牙的國王和日耳曼的皇帝。他統治時的版圖散布在半個地球裡：奧地利、波門（在捷克西部）、義大利、布根地（Burgund，介於德、法間，從隆河延伸到北海）、荷蘭和西班牙及在美洲廣大的殖民地。他驕傲地說，在他的帝國太陽永不下山。他統治時期，西邊有法國跟他競爭，東邊受奧圖曼土耳其人的威脅。內政方面最大的事件是碰到宗教改革（詳見第六章第二節），及農民戰爭。

卡爾五世於一五五六年倦勤，宣布退位，帝國分成西班牙的哈布斯堡，由卡爾五世的兒子菲立普二世（Philipp II.，一五五六至一五九八年在位）統治，及奧地利的哈布斯堡，由他的弟弟費迪南一世（Ferdinand I.，一五五六至一五六四年在位）統治。西班牙的菲立普二世的暴政在荷蘭引起革命，荷蘭人經過八十年長期艱苦的戰爭（一五六八～一六四八年）方才獲得獨立。而奧地利的費迪南二世（一五七八至一六三七年）也執迷於宗教信仰，他的統治更爆發了使德國生靈塗炭的「三十年戰爭」；三十年戰爭從一六一八年開打，到一六四八年結束，丹麥、瑞典、法國、西班牙皆參戰，而主戰場幾乎全在德國的土地，這場延續三十年之久的戰爭，戰況之慘狀，實無法以筆墨形容。這一場浩劫結束時，德國的人口從一千七百萬銳減爲八百萬。德意志的統一在近代史是遲至十九世紀最後三十年中的事，其落後原因與十七世紀的這場三十年戰爭有關。

三十年戰爭結束後在德國的明斯特（Münster）簽訂「威斯特裴里亞和約」（Westfälische Friede），法國和瑞典是大贏家，獲得了許多德國的土地。荷蘭與瑞士脫離帝國獨立。損失最慘重的是德國，政治版圖被重新劃分。由於王室的衰弱，眾多王公諸侯紛紛取得自主權，在帝國境內形成了三百一十四個獨立的日耳曼小邦國和一千四百七十五個地方領主（帝國騎士），因此，當時的德國地圖一攤開來，即被嘲笑爲像一條補了五顏六色的百衲被單。但是這些邦國擁有主權，有權和別的國家簽訂和約，可以不經皇帝的同意而自由宣戰或媾和。布蘭登堡—普魯士（Brandenburg-Preußen）邦國在這次戰爭中不僅國勢強大，且戰後兼併了東波梅爾（Ostpommern）以及從前天主教的主教們所統治的幾個行省，一躍而與奧地利、薩克森、巴伐利亞和漢諾威等諸強盛邦國占同等重要的地位；日後，更於下一個世紀領導日耳曼諸邦完成統一德國的聖戰。

普魯士的發源地在易北河和奧德河之間的布蘭登堡地區。普魯士原來並不是日耳曼的一個部落，在中古世紀時，由德國的條頓騎士團（Dt. Orden，一二三一～一二八四）移民墾殖之後，才加以日耳曼化。一六一八年，普魯士變成一個公爵領地，由布蘭登堡的霍亨佐倫（Hohenzollern）親王兼承。此後，布蘭登堡和普魯士遂在霍亨佐倫王室統治下合併，霍亨佐倫因而成爲一個強而有力的王族。佛利德利希・威廉（Friedrich Wilhelm，一六四〇～一六八八年在位）是選舉神聖羅馬皇帝的七位選侯之一，因此被稱爲「大選侯」。踐位之後，歷經三十年戰爭，使他的領地遭受嚴重的破壞，總人口減少了近三分之一。大選侯專心致志，發憤圖強，他在軍事、政治、社會和經濟等政策採取一連串的措施。尤其特別注重軍事，到一六八八年他逝世時，他的軍隊平時就有三萬人，戰時則擴充到四萬人，且是裝備精良及訓練有素。大選侯的兒子佛利德利希一世（Friedrich I.，一七〇一～一七一三年在位）踐位後，獲得哈布斯堡皇帝利奧波一世（Leopold I.）的許可，於一七〇一年被加冕爲普魯士王，因此他所統治的土地自此改稱普魯士國。大選侯的孫子佛利德利希・威廉一世（Friedrich Wilhelm I.，一七一三～一七四〇年在位）是一位專心國事的極權君主。他本人對藝術和學術不感興趣，他禁止戲劇，因爲那是不道德的。他一生只致力於建設他的軍隊和

佛利德利希二世，即為歷史上著名的佛利德利希大帝（圖片來源：IDJ 圖庫）

國家，他與他同時代的歐洲其他國王不一樣，沒有建造富麗堂皇的宮殿或行宮，所以可有充裕的經費建立一支強大的軍隊。他在位時，普魯士人口不過二百五十萬，卻擁有一支八萬三千人的勁旅。這些軍人接受嚴格的軍事訓練，因此非常驍勇善戰。他本人一生中從未帶兵打戰，他的軍隊很少在戰爭中發揮作用，倒是較常用來威脅他的鄰邦，所以在德國史上他又被稱爲「軍人國王」（Soldatenkönig）。

接替他王位的兒子佛利德利希二世（Friedrich II.，一七四〇～一七八六年在位），即歷史上著名的佛利德利希大帝（Friedrich der Große）⑤。踐位後，他除了積極推展外交政策，

⑤德國歷史上共有三位皇帝被賦予「大帝」的稱號，前兩位是查理曼大帝和奧圖大帝。

對外也開始掠奪土地，一七四〇年，奧地利皇帝卡爾六世（Karl VI.，一七一一～一七四〇年在位）去世，他的女兒泰蕾西亞（Maria Theresia，一七一七～一七八〇）接續大統，但等她踐位後，法國、波蘭、西班牙等國及一些日耳曼的國家，比如巴伐利亞及薩克森皆根據各種理由要求哈布斯堡王族的土地。佛利德利希大帝首先發難，他蓄意謀奪原屬於哈布斯堡家族的土地，盛產煤、鐵礦的斯雷西恩（Schlesien）。他以承認泰蕾西亞的繼承權及支持她丈夫在神聖羅馬帝國的皇帝選舉交換這塊富饒的土地。泰蕾西亞不願放棄這塊重要的地區，於是從一七四〇～一七四八年發動兩次戰爭，史稱「奧地利皇位戰爭」，普魯士獲得斯雷西恩，並承認此時在一七四五年已被選爲皇帝的泰蕾西亞的丈夫法蘭茲一世（Franz I.，一七〇八～一七六五）爲神聖羅馬帝國皇帝。一七五六年佛利德利希大帝決定進攻奧地利的波門時，泰蕾西亞企圖收復斯雷西恩之心非常迫切，這個機會也將英國與法國爭奪北美洲和印度的控制權推向高峰。法國、俄國幫泰蕾西亞，英國幫普魯士，一七五六～一七六三年長達七年的戰爭以普魯士獲勝結束時，奧地利終於放棄斯雷西恩。

在這七年戰爭中，普魯士以一己之力戰勝處於優勢的聯軍。法、俄、奧三國人口的總數要比普魯士大十五倍，在眾目昭彰下，獲得令人刮目相看的成績，普魯士在歐洲的聲望大爲提高。一七七二年，佛利德利希大帝又夥同俄國女沙皇卡塔琳娜二世（Katharina II.，一七六二～一七九六年在位）及他的宿敵奧地利的泰蕾西亞，共同瓜分波蘭。普魯士兼併了恩蘭和十五世紀爲波蘭所征服的西普魯士，佛利德利希大帝因這個收穫，連同他所征服的斯雷西恩及威廉一世所征服的波門，使普魯士斷片的土地得以銜接，連成完整的一片。自此之後，普魯士一躍而成爲強國，與英國、法國、俄國和奧地利並列爲歐洲五強。於下一個世紀更領導德國完成統一的聖戰。

一七八九年，法國爆發大革命，革命之後政權落入國民會議手中，然而地方混亂不堪，出現共和之後，又出現恐怖統治。「時勢造英雄」，雄霸一方的拿破崙（Napoléon Bonaparte，一七六九～一八二一年）登上了法國第一執政寶座，爲了鞏固和擴大法蘭西勢力，完全按照法國傳統的反哈布斯堡王朝的政策，當時在講德意志語的地方，有領土已擴大、國力也逐漸強盛的普魯士，尚有獨立的、具有生存和結盟能力的中等國家，還有一些或親奧或親普的小帝國，拿破崙不願這些國家與兩個德意志大國中之一結盟，於是他有意識地重新劃分這些日耳曼國家的版圖，廢黜了若干小公侯與小國王，使諸侯國數目從二百多個小國減少到只有三十九邦，如出現巴登、烏騰貝和巴伐利亞這樣實力雄厚的中等強大的邦國，以及漢堡、不來梅、呂北克等漢薩貿易同盟城市。這些邦國與城市就是在這時候開始興旺起來並獲得了獨立。拿破崙的政策大大地改變了德意志諸小邦國的割據局面，結束了自斯道佛王朝衰弱以來，帝國政治版圖四分五裂，諸小國割據的局面。此外，德國民族思想的萌芽和民族主義的加速發展，也是和拿破崙的強制干預不可分的。

一八〇四年，拿破崙稱帝，許多住在萊茵河沿岸的德國人將他看成是查理曼大帝的繼承者。當他訪問萊茵蘭（Rheinland）時，受到熱烈地歡呼。一八〇六年七月，不可一世的拿破崙索性把西部和南部的十六個中、小型德意志邦聯合併成「萊茵同盟」（Rheinbund），一八〇六年八月一日萊茵同盟國家宣布退出神聖羅馬帝國。八月六日，法蘭茲二世（Josepf Karl, Franz II.，一七六八～一八三五年）在拿破崙的命令下摘下皇冠，只在他的一些世襲邦國領地上改稱奧地利皇帝；至此，傳承九百年的「德意志民族神聖羅馬帝國」壽終正寢。而普魯士的威廉三世（Friedrich Wilhelm III.，一七九七至一八四〇年在位）由於拿破崙曾答應給普魯士的漢諾威王國換取英國占領的西西里島卻出爾反爾。一八〇六年普、法開戰，普軍戰敗，被迫簽訂提爾希特（Tilsit）和約。普魯士失去易北河以西所有領土，並支付巨額戰爭賠款。

拿破崙軍事上所向無敵，文化上強迫德國人法語化，政治上實行高壓統治，普、奧敗在拿破崙手下這一事實，大大地激勵了德國的革新思潮和改革運動。普魯士一些有識開明之士進行了一系列的改革。有政治改革家施坦恩男爵（H.F.K. Reichsfreiherr vom u. zum Stein，一七五七～一八三一）和哈登貝格侯爵（K.A. Fürst von Hardenberg，一七五〇～一八二二）提倡了廢除農奴制度、取消行會制度，扶植中小企業、實施城市自治，人人在法律前一律平等。薛恩霍斯特將軍（G.J.D.von Scharnhorst，一七五五～一八一三）的軍事改革以及威廉・馮・洪堡（Wilhelm von Humboldt，一七六七～一八三五）的教育改革。他們的改革措施增強了普魯士的經濟和軍事實力，爲民族解放戰爭奠定了基礎。一八一二年十一月，拿破崙在俄國戰敗的消息振奮了德意志民族的解放運動，普魯士和德意志各邦國人民乘勝追擊法軍，解放了大片領土。一八一三年三月十七日，威廉三世發表「致我的子民」（An mein Volk），呼籲普魯士人武裝起來抵禦法國的侵略。一八一三年十月十六日至十九日和俄國及奧地利結盟的「萊比錫各民族大會戰」（Völkerschlacht bei Leipzig）給拿破崙致命的打擊。一八一四年三月盟軍占領了巴黎，結束了拿破崙在德意志和歐洲的統治。在與拿破崙的戰爭中，德意志民族意識在全國大大地高漲並受到了淬煉。

一八一四至一八一五年由奧地利首相梅特涅（C. Metternich，一七七三至一八五九年）發起，由歐洲五強：沙皇俄國、普魯士、奧地利、英國與法國封建王朝的代表在維也納召開「維也納會議」（Wiener Kongress），目的是復辟及恢復一切舊秩序。會議主旨爲盡力根絕法國的革命思想，恢復各國國王們的地位，並又得到原來的土地。維持歐洲均勢是共同的目標，並且分贓了戰利品。普魯士獲得了北薩克森、萊茵蘭、威斯特發倫、瑞典部分的佛波梅爾（Vorpommern）。從前德意志境內有上百個小王國，親王領地以及公侯國，而維也納會議則合併爲三十五個主權獨立的國家，並與美因河畔的法蘭克福、不來梅、漢堡和呂北克四個自由市，組成完全獨立的三十九個邦國，成立了一個叫「德意志邦聯」（Der Deutsche

Bund）的鬆散機構，這其中有一個帝國（奧地利）、五個王國（普魯士、巴伐利亞、烏騰堡、薩克森和漢諾威）及四個自由城（美因河畔的法蘭克福、漢堡、呂北克和不來梅）。這一個國家聯盟由奧地利首相梅特涅擔任主席。德意志邦聯是各邦國之間的一個鬆弛的邦聯組織，各邦國仍享有完全獨立的主權。雖然還不是統一的德意志國家，但卻已逐漸喚醒了民族的歸屬感。是後來趨向於團結的一個步驟，爲日後德意志的統一鋪路。

法國大革命和拿破崙的干政，喚醒了德國人的民族意識，施坦恩等人的政治、經濟和軍事改革使普魯士煥然一新，推動了德國資本主義的發展。一八三四年，普魯士建立了「德意志關稅同盟」（Deutscher Zollverein），這是在邦聯國家內取消內陸關稅和路捐條令，成爲一個統一的內陸市場，幫助經商貿易更順利地進行，有十八個德意志邦聯國家簽訂稅務條約。一八三五年，建造了第一條鐵路，德國開始了工業革命。此時工廠林立，人口也急速增加，工人缺少社會保障，陷入悲慘境地；一八四四年，斯雷西恩的織工起義，被政府嚴厲地鎭壓。自一八〇七年施坦恩頒布了「十月赦令」起，普魯士逐漸實現了解放農民、城市自治等改革措施。與此同時，德國人民要求進行資產階級民主革命和實現國家統一的呼聲不斷高漲。重要事件有：一八一七年由「德意志大學生協會」組織發起的瓦特堡集會（Wartburgfest），一八三二年德國資產階級自由人士發起的漢巴赫集會（Hambacher Fest），一八三七年漢諾威哥廷根七位教授聯名上書抗議漢諾威國王廢棄憲法的「哥廷根七君子事件」（Göttinger Sieben）。此時，早期工人運動在馬克思（K. Marx，一八一八～一八八三）和恩格斯（Friedrich Engels，一八二〇～一八九五）的指導下蓬勃發展，一八四八年二月，《共產黨宣言》（Das Kommunistische Manifest）問世，書末結尾呼籲「世界上的無產階級聯合起來。」

一八四八年法國的二月革命傳到德國，不同於法國一七八九年的革命，這次有了迴響，巴伐利亞頒布憲法，黑森准許言論自由，薩克森及烏騰堡均由自由黨執政，漢諾威更換內閣、修改憲法。一八四八年五月，在美因河畔法蘭克福市的聖保羅教堂（St. Paulskirche）召開第一次全德意志的「國民會議」（Nationalversammlung），目的是試圖通過立法程序，替整個德意志制定一部憲法，建立一個君主立憲國家。爲了制定一部帝國憲法進行了冗長的辯論，但是會議中討論最爲激烈的問題是德國統一，究竟要採取包括奧地利在內的「大德意志方案」，或排除奧地利的「小德意志方案」。國民會議經投票結果，通過了「小德意志方案」、選舉普魯士的威廉四世（Friedrich Wilhelm IV.，一八四〇～一八六一年在位）爲德意志皇帝，並通過了一部「帝國憲法」。可是威廉四世拒絕接受憲法與皇冠，因爲「小德意志方案」的統一是排斥奧地利，他怕奧地利的報復，因爲當時奧地利的版圖、勢力範圍相當大，超過普魯士好幾倍。

在這種背景之下，欲統一德意志，唯有驅走奧地利，一時愛國氣氛瀰漫，傾向武力的人

俾斯麥（圖片來源：IDJ 圖庫）

士迫切希望有一位巨人來領導他們，此時貴族（容克地主）出身的俾斯麥（Otto von Bismarck，一八一五～一八九八）正式出場，擔任此一艱鉅任務的總工程師。一八六二年俾斯麥在預算委員會議上慷慨激昂的發表演講：「……當前重大的問題，不是透過演說、辯論或過半數的投票所能解決的——這正是一八四八和一八四九年所犯的錯誤——唯一的方法就是要用鐵與血。」這是他得到「鐵血宰相」稱號的由來。

要統一少不了戰爭，與丹麥接界的石列斯威和霍爾斯坦這兩個公侯國，政治上歸屬於德國還是丹麥，一直懸而未決。一八六四年俾斯麥夥同奧地利對丹麥宣戰。丹麥戰敗，被迫割讓這兩地。兩國共管戰利品會因意見不同而衍生問題，這一點早在俾斯麥預料之中。於是他不惜同室操戈，和奧地利開戰。奧地利被打敗，不得不離開德意志邦聯，存在約四百餘年的同文、同種德意志二強，如今在俾斯麥的鐵血政策謀略下變成普魯士的獨家天下。以普魯士爲首的北德邦聯由俾斯麥出任了宰相。

第三場統一聖戰尤爲膾炙人口，從一八六六年到一八七七年之間，普、法兩國交惡日深，拿破崙三世（Napoleon III.，一八〇八～一八七三，係拿破崙一世侄兒）屢因索取「報酬」（俾斯麥聲稱普、奧開戰，如法國善意中立，將從盧森堡及比利時獲得補償）一再被俾斯麥以任何藉口或置之不理所愚弄，普、法兩國人民多已認爲雙方終將難免一戰。西班牙王位繼承問題提供了兩國開戰最好的導火線。事由是威廉一世的遠親兄弟無意繼承西班牙王位，宣布放棄，事情本來就很簡單（如果繼承了的話，形同法國被德國和西班牙包圍了）；但法國主戰派咄咄逼人地要求正在艾姆斯（Ems）溫泉療養地度假的普王向法國道歉，並要普王保證霍亨佐倫家族成員今後永遠不再繼承西班牙王位。普王發了一封長達二百字之電文到柏林告知俾斯麥，並授權他全權處理今後普、法之間一切的交涉。正苦於沒有理由向法國宣戰的俾斯麥，在接到這封長達兩百字的電文後，把文章內容刪去一半，並做了巧妙的文字安排，將普王答應「以後通過會談、協商來解決問題」的內容刪掉，而保留了法國大使咄咄逼人的無理要求和普王回答「我已無話可說」的內容，再冠以「艾姆斯來電」，將整個事件披露於新聞媒體。

果然如俾斯麥所料，電文於普、法報紙一經披露後，雙方都認爲自己的領袖遭受對方的侮辱。一八七〇年七月法國向普魯士宣戰。兩國人民都認爲他們是爲自身權益而戰，所不同的是，普魯士準備已久，而法國卻毫無備戰。法國先下戰書，普魯士似爲自衛。俾斯麥以愛國主義旗號籠絡民心，本來親法的南德四邦遂將此事視爲德意志民族聖戰，南德人士爭相加入普魯士軍隊，而皇太子受命統率南方軍隊，尤得南德人士歡心。普、法戰爭以法國戰敗求和收場。

一八七一年一月十八日，普魯士國王威廉一世在凡爾賽宮的鏡廳加冕成爲「德意志帝國」皇帝。德意志帝國終於取代了一八〇六年被解體的「既非德意志民族，也不神聖的羅馬帝國」，史稱**第二帝國**（一八七一～一九一八）。俾斯麥以鐵和血政策完成了德意志國家的統一，他就任帝國宰相，實現了他曾經講過的「讓我們把德國扶上馬吧！它便會策馬奔騰」的豪邁預言。

普、法戰爭後，法國割讓亞爾薩斯及洛林兩地，並且賠款兩億法郎。統一後的德國經濟迅速發展。同時工人運動也日益壯大，一八六三年有「全德工人聯合會」，一八六九年有「社會民主工黨」成立，一八七五年兩黨合併組成「德國社會主義工人黨」。一八九〇年，該黨改名爲「德國社會民主黨」，爭取工人的權益。德國統一後，俾斯麥繼續掌政，他重視並支持社會改革，深信有必要改善工人的社會境況。在社會政策方面，他制定醫療保險法，並於一八八三年獲國會通過，事故保險法（一八八四）、養老和傷殘保險法（一八八九）等，現今德國社會福利及保險制度的完善應歸功於俾斯麥。俾斯麥統治了十九年，運用縱橫交錯的外交聯盟鞏固德國的安全，但相反的其內政並不成功，他不理解當時的「民主」傾向，反對黨將他看成是「帝國的敵人」。一八九〇年俾斯麥不容於新皇帝威廉二世（Wilhelm II.，一八五九～一九四一），帝相衝突公開化，當他辭職時，德國國內及歐洲各國都相當震驚，褒揚及貶低之詞紛紛出籠，莫衷一是，可見他是一位極具爭議性的人物。

一九一四年六月二十八日奧地利皇位繼承人裴迪南（Franz Ferdinand，一八六三～一九一四）於訪問波士尼亞時，在其首府塞拉耶佛（Sarajeva）被塞爾維亞的民粹分子槍殺，正式揭開了第一次世界大戰。巴爾幹半島眞是個名符其實的火藥庫，奧－匈帝國統治那裡的斯拉夫民族，他們的保護國俄國支持他們的獨立運動。俄國和法國聯盟，而比利時和英國又是聯盟。這種環環相扣的連鎖效應終於掀起了第一次世界大戰。一九一四年八月一日，由德國、奧匈帝國和義大利⑥組成的同盟國向由英國、法國和俄國組成的協約國宣戰。

戰爭初期，德國採用了施利芬（Alfred Graf von Schlieffen，一八三三～一九一三）將軍制訂的閃電戰術，在西線獲得了勝利，但後來很快陷入了曠日持久的陣地戰。一九一七年，美國的參戰是個轉捩點。同年俄國爆發了「十月革命」，新成立的蘇維埃國家退出戰爭，東線停戰。一九一八年十一月，德國被迫向協約國投降。戰後，戰勝國在凡爾賽舉行會議，並於一九一九年六月簽訂了「凡爾賽和約」（Friedenvertrag von Versailles）。

---

⑥義大利於一九一五年加入戰局，美國於一九一七年宣戰。

德國除了失去原有居民的十分之一，原有領土的八分之一（6.7萬平方公里），還要賠償一千三百二十億金馬克。此爲確定的天價賠償，但實際上再經協商後並非如此。「戴維斯計畫」（Dawes-plan）由戴維斯（C. G. Dawes，一八六五～一九五一）擬定，起先定爲七百五十億馬克，數目逐年遞增。後來於一九二九年八月二十一日再經過「楊格計畫」（Young-plan），由楊格（O. D. Young，一八七四～一九六二）擬定，定爲每年賠償二十億金馬克（Goldmark），爲期五十九年。最後，德國沒有完全賠完。除了必須支付巨額戰爭賠款，還要限制軍備。凡爾賽和約對戰敗國，尤其是對德國特別苛刻的條件，埋下了第二次世界大戰的遠因。

一戰結束後，俄國、奧地利及德國的皇朝紛紛退位。這場戰爭結束了德國千年帝制，建立了共和國。緊接著產生了要建立什麼樣的共和國之爭論。左派主張建立如蘇維埃無產階級專政的共和國，而以艾伯特（F. Ebert，一八七一～一九二五）爲首的右派主張建立議會民主制的資產階級共和國。在一九一九年一月的國民議會選舉，大多數德國人贊成右派的議會民主制。由艾伯特任第一任總統。於同年八月通過了「威瑪憲法」（Weimarer Verfassung），成立了爲期十四年的威瑪共和國（Weimarer Republik）。

年輕的威瑪共和國必須承擔戰敗的責任。凡爾賽和約巨額的賠款壓得德國喘不過氣來。一九二三年是最混亂的時期，通貨膨脹、魯爾區被法國占領、希特勒（Adolf Hitler，一八八九～一九四五）暴動、共產黨叛變，嘗試奪權；在此時，幸有內閣總理史特雷斯曼（G. Stresemann，一八七八～一九二九）的掌政（只執政了三個月），他先解決通貨膨脹的問題，外交方面他親自出馬，以不卑不亢的態度與戰勝國談判，改善德國被孤立的窘境。一九二五年任外交部長的史氏在瑞士羅迦洛與西方強國簽署了「羅迦洛條約」（Vertrag von Locarno），並於一九二六年加入國際聯盟（Völkerbund），重新贏回政治平等權。此時德國的文學、藝術和科學大放異彩，體驗了一個爲期二十年的「黃金時代」，柏林成爲當時歐洲的精神生活中心。一九二五年，艾伯特去世，一戰的英雄興登堡（Paul von Hindenburg，一八四七～一九三四）被選爲總統，他雖然遵守憲法，但卻與共和國保持距離。然而很不幸的是在一九二九年的「世界經濟危機」（Weltwirtschaftskrise）[7]又將威瑪共和國推入萬劫不復的深淵。沒有一個國家像德國遭受到這麼重大的打擊，經濟幾乎完全依賴美國信貸的德國，一下子有六百萬人失業。不知所措的人擁向共產黨（KPD）和納粹黨（NSDAP）。興登堡經過長久地思考，於一九三三年一月三十日任命希特勒成爲帝國首相，這位強勢的領導人似乎成爲當時危難時期唯一的救星。

⑦起源於紐約華爾街的股票崩盤。

希特勒一上臺即刻制定「授權法」（Ermächtigungsgesetz），禁止其他的政黨，打壓公會，取消新聞自由，剝奪議會的權力，上千人未經審判，無故失蹤或被關入集中營。一九三四年興登堡去世，希特勒大權獨攬，將國號改爲**德意志第三帝國**。帝國建立之初，的確創造了許多讓德意志人倍感光榮、可以炫耀的希特勒奇蹟。比如一九三三年尚有六百多萬人失業，到了一九三六年已大致解決了，並且重整軍備，這是「經濟奇蹟」。「外交奇蹟」則是一九三五年收回法國占領的薩爾邦，成功地進駐萊茵河東岸。掌政後四年，宣布廢除凡爾賽和約，確立了德國是個完全獨立自主的國家，這是「政治奇蹟」。一九三六年進駐自從一九一九年被劃爲非軍事區的萊茵蘭（**Rheinland**）[8]，一九三八年獲列強同意併呑蘇臺德區（**Sudetenland**）。

掌權之後，實現其反種族政策，剝奪猶太人的公民權，設集中營，壓迫言論自由，迫使很多德國菁英分子流亡海外。希特勒提出給予德國人民生存權利及生存空間，即意味著侵略占據他人的土地。一九三九年三月入侵捷克，九月一日入侵波蘭，引起第二次世界大戰，導致五千五百多萬人喪失生命。開戰之初，德國占領了波蘭、丹麥、挪威、荷蘭、比利時、盧森堡、法國、南斯拉夫和希臘。在俄國進逼到莫斯科郊區，在北非進逼到蘇伊士運河（**Suez-Kanal**），在占領區建立一個嚴苛的政權；相對的也有很多人起來反抗他，最著名的是德軍後備軍團的參謀長施道芬柏格上校（**Claus Graf Schenk von Stauffenberg**，一九〇七～一九四四）及慕尼黑大學生的「白玫瑰社」的休爾兄妹（兄：Hans Scholl，一九一八～一九四三；妹：Sophie Scholl，一九二一～一九四三）⑨。一九四二年，希特勒政權開始了「終絕猶太人問題」，總共約有六百多萬猶太人死於集中營。一九四五年春，東、西盟軍攻入德國本土，會師易北河，四月三十日希特勒自殺。一九四五年五月八日納粹德國宣布無條件投降。

第二節　從一九四五年至一九九〇年統一

一九四五年對很多人而言是「德國史」結束了。城市被摧毀，經濟被毀掉了。戰勝國

⑧歷史上是德國的領土，位於萊茵河中段和北段地區，介於波蘭、捷克和德國之間的中度高山地區的一系列土地，西邊與荷、比、盧接界。

⑨慕尼黑大學生組成的白玫瑰社宣傳反納粹政府，他們在發傳單時被捕，於一九四三年二月十八日被人民法院判處死刑後處決。電影《帝國大審判》描述休爾兄妹宣傳反納粹始末。德國影片《刺殺希特勒》及美國影片《華爾琦麗兒》（由湯姆・克魯斯飾演施道芬柏格）描述施道芬柏格刺殺希特勒始末。

軍隊的驅趕使上百萬無家可歸的人湧向西邊和中部的德國，伴隨著逃難的人是悲慘、飢餓和死亡。「上千上萬的人飢寒交迫死在公路上，父母親被槍殺、死亡的小孩子流離失所」這一段是每天皆可見到的令人震撼的報導，整個德國形成一座死城。

一九四五年六月，爲了決定戰敗國的命運，四個戰勝國在柏林附近的波茨坦（Potsdam）開會；德國被分成四個共管區，同樣的，位在蘇聯占領區的柏林也一樣分成四區。史達林（I. W. Stalin，一八七九～一九五三）要求德國將奧德河和奈塞以東的土地割讓給波蘭和蘇聯。在那邊生活的來自捷克和巴爾幹的所有德國人在史達林的命令下，必須撤離。大約有一千二百萬的德國人從東區被驅逐出境，那是戰後人類史上最大的人潮移動和最大的悲劇之一。有超過二百多萬的人死於移往西邊的路途上。

在波茨坦會議上，四個戰勝國還將德國看成是一個完整的國家。他們組成一個「共管委員會」（Kontrollrat）來處理戰敗的德國。然而戰勝國的合作越來越困難，昔日曾聯合起來對付共同敵人的美國和蘇聯，自己卻先成爲敵對國。蘇聯在共管委員會裡要求在德國西邊的占領區，特別是魯爾區也有決定權。西方三強拒絕，終於導致共管破裂，變成每一個戰勝國各自管理其占領區，這是導致德國分裂的第一步。當時美國的外交部長馬歇爾（George Catlett Marshall，一八八〇～一九五九）說：「我們對於德國應該成爲什麼樣子，不能達成協議。」邱吉爾（W. Churchill，一八七四～一九六五）希望的「一個歐洲」和美國總統杜

波茨坦會議（圖片來源：IDJ 圖庫）

魯門（H.S.Truman，一八八四～一九七二）希望的「一個世界」都被證實爲是一種幻想。戰後，幾乎還不到一年，一九四六年的三月，邱吉爾在一場演講中說：「從波羅的海到亞德里亞海有一座鐵幕降到這大陸上……這不是我們爲了它的重建而奮戰的、被解放的歐洲。」所以戰勝國之間介於理想和政治的理念差異終於導致「冷戰」。接下來就是歐洲的分裂——在俾斯麥建立帝國的七十五年之後——也開始了德國的分裂。

然而非常矛盾的是，冷戰把德國撕裂成兩半，而這兩邊卻同時再度成長、繁榮起來。爲了要阻擋共產主義，美國的外交部長馬歇爾於一九四七年夏天給予歐洲國家一項慷慨的「馬歇爾計畫」援助。一九四八年夏天，在西區的德國經濟部長艾哈德（L.

Erhard，一八九七～一九七七）以一種新幣値（西馬克）終止了戰爭帶來的通貨膨脹。蘇占區也緊跟著在他們的勢力範圍發行自己的貨幣。他們嘗試也要在西柏林引用東馬克，卻被西方三強拒絕，惱羞成怒的史達林以完全封鎖西柏林報復。「西方三強會不會從柏林撤退？他們會不會用武力對抗？」全世界緊張地觀察後續發展，世界會不會再陷入一場新的戰爭？美國將軍克萊（Lucius Clay，一八九七～一九七八）以「空中橋樑」（Luftbrücke）回敬。被封鎖的柏林像一座孤城，唯一能和西方世界聯繫的只有這座空中橋樑。於是經由此橋樑用飛機爲西柏林二百五十萬男女老幼運送了食糧、衣服、原料、藥物、飲水等等。幾乎快要一年，約在一九四九年五月，蘇俄看沒轍了，才解除了封鎖西柏林，度過了戰後最險惡的危機。

柏林封鎖危機解除之後，美、英、法三國給他們的占領區獨立自治權。一九四九年五月二十三日，西德各邦通過「基本法」。「國家所有的權力都是人民賦予的……全體德意志民族被要求自由、自主地完成德國的統一和自由。」由此，戰爭結束四年之後，在西區由十個邦組成「德意志聯邦共和國」（die Bundesrepublik Deutschland，簡稱 BRD，西德），未統一前，一般以西德稱之。希特勒的國家，還有威瑪共和國或多或少也是中央集權統治。與之相反的聯邦共和國是組合十個邦，他們各自有國會和政府。西柏林的地位較特殊，它像一座位於陌生強權領域裡的小島，四面八方被東德的領域包圍。它的憲法、經濟和文化架構都與西德互相聯結，但它在西德的國會不能夠像一個邦享有全權。

在同一年，東邊的蘇占區於一九四九年十月七日成立「德意志民主共和國」（die Deutsche Demokratische Republik，簡稱 DDR，東德）。德意志民主共和國是一個工人和農人的社會國家。它是由城市和鄉村的職工所成立的政治組織，它們共同在工人階級和馬克思—列寧黨的領導之下，根據東德憲法最高的國家目標完成實現社會主義。一九四六年就已經在蘇聯政府的壓力下，東德社會民主黨和舊共產黨合併，成立了「德國社會統一黨」（Sozialistische Einheitspartei Deutschlands），簡稱「統一黨」（SED）。這個黨的領導者們也加入「政治局」（Politbüro）。直到一九七一年 SED 的第一書記都是烏布里希特（W. Ulbricht，一八九三~一九七三），他當了二十五年之久的黨主席，一九七一年由洪內克（Erich Honecker，一九一二至一九九四年）取而代之。統一黨的主要目標之一是將生產機構國有化，將私人企業組成屬於全民所有的「國營業」（Volkseigenen Betriebe，簡稱 VEB），一九六一年把以前屬於農民私有的田莊（包括牲畜）組成「農業生產合作社」（die Landwirtschaftlichen Produktionsgenossenschaften，簡稱 LPG）。東德的國會是座落在東德的「人民議院」（Volkskammer），號稱德意志民主共和國最高人民代議機構，是國家最高權力機構，選舉東德的政府。人民議院會員選舉名單早就在選舉前被規定好了，人民只要對統一黨列出的名單投下贊成票即可，這是不可能從競爭的黨派中選出候選人，因爲也沒有反對黨。

五〇年代初，西德的生活水準已遠遠超越了東德。隨之而來的是一股來自東德的逃亡潮。由於經濟陷入困境，統一黨於一九五三年五月二十八日作出決議，宣布在不增加工資的情況下，增加工作定額百分之十，這種用行政命令強行增加工作量的作法，使工人們相當憤慨。六月十六日，東柏林的建築工人領頭發難，舉行罷工、示威遊行。六月十七日，全東德各行各業的三十萬工人都起來抗議。SED對此風起雲湧的起義束手無策，只好向蘇聯求救，於是駐紮在波蘭的蘇聯坦克開入東柏林鎮壓，「6.17事件」總計有三百人喪生，一千四百人被判長期監禁。事件過後，逃亡西德的人數暴增。一九六一年八月十三日，分隔東、西柏林的一道圍牆一夕之間被

柏林圍牆（圖片來源：IDJ圖庫）

豎立起來，無數爭取自由的人喪命於此圍牆下。一九六三年十二月，西柏林與東德簽約，准許西柏林人訪問東柏林的親戚。

一九六九至一九七二年，西德政黨輪替，德國社會民主黨（SPD）執政，改變政策，採取「東鄰政策」（Ostpolitik），布蘭德總理（W. Brandt，一九一三～一九九二）一九七〇年三月和東德的首腦史多夫（W. Stoph，一九一四～一九九九）會於東德的艾福特城交換意見。東德的領導者認爲此次會議是西德承認東德爲一個主權獨立的國家，但對於布蘭德所到之處萬人空巷，東德民眾熱情地呼喊布蘭德的小名「威利，威利」感到非常擔憂。同年十二月布蘭德訪問波蘭，曾到華沙爲國捐軀的軍人公墓下跪祭拜，此舉被視爲東、西方和解的開始，布蘭德因而榮獲一九七一年的諾貝爾和平獎。介於東、西德之間的問題困難重重，兩邊之間開始架設橋樑。西柏林的情況是重要問題之一。一九七一年十二月西方三強和蘇聯爲西柏林問題聚首開會，西方三強保有自從戰爭結束以來在柏林的權力。東德同時也保證可從西德自由進出西柏林。這一步就爲「東、西德基礎條約」（Grundlagenvertrag zwischen der BRD und der DDR）開了一條路，經過長久地協商，這項條約在一九七二年十二月二十一日在東柏林簽約。合約重點爲「西德和東德在平等的基礎上，互相發展正常的善鄰關係。」西德與其餘的西方國家現在承認在德國這一塊土地有兩個國家。東德同意放寬邊界的交通，兩個國家互派常設代表並申請加入聯合國。兩邊之間有些緊張的關係緩和下來了，然而兩個德國之間敵對的事實、分裂和互劃界線長久一直沒有改變。一九七三年九月，東、西兩德被聯合國接受，以第一三三號及第一三四號成爲加入聯合國的國家。

既然成爲國際上承認的兩個國家，只好兄弟登山各自努力了。西德這邊，除了戰爭的破壞，前德意志帝國被分爲由美、英、法管理的西德，徹底地改變了德國的經濟。中歐的經濟空間被四分五裂；斯雷西恩工業區歸波蘭、薩克森座落於東德，而那時屬於西德的只有魯爾的一部分。一九四五年後有一千四百萬的難民湧入西德，在這一部分的德國，戰前有三千九百萬居民，現在卻住了約六千萬人。這個人口密度極高的地方，除了煤礦外，沒有其他的地下資源，像金屬和石油必須仰賴進口。製造和輸出高價值的工業產品那時對西德而言相當重要。當時的經濟部長艾哈德在一九四八年六月十八日實行幣制改革（見本章第52頁）並成功地重建西德的經濟。這種制度叫作「社會市場經濟」，國家放棄到處去干涉及控制經濟生活，並任由在市場上自訂報價和詢價。在一九四八年的幣制改革後，經濟迅速地進入狀況。實施自由市場經濟，特別是馬歇爾計畫的一筆援助款額，西德政府妥善規劃此筆重建援助款，使德國在戰後的經濟迅速地復甦，讓全世界驚羨地稱爲「經濟奇蹟」（Wirtschaftswunder）。而一九五〇年到一九七八年的出口從六十七億馬克提高到二千八百五十億馬克，並在一九九〇年達到了六千八百億馬克。今天的德國僅次於美國和日本是世界上最重要的出口國。機器和汽車、電子技術和化學工業的產品是它最重要的出口貨物。

東德的經濟比西德較晚、又較慢復甦，這個在東邊被分裂的國家與西德比較處於相當不利的狀況：蘇聯在戰爭時受損得非常嚴重，就特別地從它的占領區要求一大筆賠償，而且東德也沒有像西德一樣，有一筆馬歇爾提供的鉅款可資使用。東德與魯爾區的鋼鐵工業斷了聯繫；因此之故，必須非常努力地建設一個自己的重工業。最大的問題是經濟國有化，特別是很多最優秀的工人、技術師和科學家逃到西德去。隨之而來的是有十年之久缺少貨物和日常的生活用品。在西邊實行自由市場經濟，獲得大大的成功。在東德由統一黨制定的計畫經濟，期限爲期五年。烏布里希特揚言東德的「計畫經濟」會贏過西德的「社會市場經濟」，這有可能嗎？東德除了褐煤和鉀鹽，也缺少原料，和西德一樣，製造和出口高價值的工業產品是非常重要的。

像西德一樣加入歐洲共同體（EG），東德也加入東區的「經濟互助會」（簡稱 COMECON）。來自蘇俄的石油和薩克森的煤礦是能源的來源，同時也是化學工業的基本原料。以前國有的「羅伊娜化工廠」（Leunawerke）是歐洲最大的化學工廠。在濱臨奧德河的艾森胡藤城（Eisenhüttenstadt）成立了「東歐和蘇聯等國的鋼鐵聯合企業」（Eisenhüttenkombinat Ost），成功地發展出機器、電子和紡織業，特別是比如電子學這種現代的工藝技術。濱臨波羅的海的羅史托克（Rostock）被建設成一座新的國際貿易中心，一座他們自己的「通向世界門戶」的港口。東德那時屬於全球十個最具代表意義的工業國家之一，在整個東區它是最重要的機器和電子工業產品的輸出國，尤其特別是化學產品獨占鰲頭。

然而，東區國家的經濟陷入嚴重地缺失，原因在於社會計畫經濟，這對於東德的經濟特別不利。中央釐訂的計畫、管制和監視癱瘓了人民工作的意願，雖然在東德實際上不會聽到「失業」這個詞。然而對於一個工業國家而言，這種生產勞動令人很不滿意，因爲光要維持一個全能的、但少有成效的國家官僚機構所需要的計畫和管理、警察、國家安全局和軍隊就需要數十萬個勞動力。又因爲獲得最大資本主義利潤不是國家營業單位的目標，只要大量地生產即可，很多營業單位只獲得很少的利潤，甚至自己就虧本了。在東德平均三個工人製作出同樣的產品價值，在西德卻只需要兩個工人即可。這就解釋了欠缺勞動力、相對較低的工資，並且最特別的是婦女也要投入生產行列，所有從十五歲到六十五歲的女性都有職業，她們在職業生活裡和男士一樣享有平等待遇。在這一點方面東德達到一個絕對的世界紀錄。

七〇年代的時候，東德的經濟目標就比較小了一點。當烏布里希特還一直在努力要超越西德，洪內克卻致力於慢慢地改善人民的生活，要做到一步一步地慢慢地提高物質和文化的生活水準。然而在社會主義的經濟和社會之缺失使這個微小的目標也成問題，東德的生活水準仍然遠遠低於西德。民眾長久以來已對統一黨失去了信心，也不再把一個較好的未來希望寄託在他們的社會主義國家。隨之而來的是東德人深深地不滿，並有了意願要離開他們的國家。然而嚴密防守的邊界仍是緊閉著。他們逃到西德的方式是以旅行的名義先到波蘭或捷克，再從那裡入境西德。當一**九八九年五月**匈牙利拆除四邊和奧地利爲界的通電圍牆時，又有一萬多名東德人越過邊界逃向西方。五月東德自治區的選舉，政府以公然舞弊的方式，公布得票率爲98.85%，此舉加深人民和政府的裂痕。九月四日，萊比錫大示威，要求人權和旅行自由。十月又有兩萬人示威，喊出「我們是這個民族」的口號，有多人受傷及被安全局逮捕，又有三萬四千人借道匈牙利、奧地利逃亡。東德政府阻撓人民到匈牙利旅行，人民改道赴設有西德領事館的捷克去，以獲得簽證進入西德。東德政府不願意一九八九年十月七日建國四十週年紀念日節外生枝，委由西德外交部長告知逃亡布拉格的四千多位東德人，政府已備妥多輛火車，帶他們越過東德地區進到西德。

東德慶祝建國四十週年，戈巴契夫（M. Gorbatschow，一九三一）勸洪內克改革，否則會造成嚴重後果。國慶兩天後，萊比錫規模宏大的示威，要求政府改革，洪內克仍然充耳不聞，十一月四日，東柏林亞歷山大廣場聚集了五十萬人，要求政府改革。十一月七日以國務總理史多夫爲首的部長會議（Ministerrat）集體辭職，由德勒斯登市黨委第一書記莫德洛（H. Modrow，一九二八）接任政府總理。十一月九日政治局委員夏博維斯基（Günter Schabowski，一九二九）公布一項新的旅行規則，由於口誤，宣布所有通向西德和西柏林的東德邊界地區會全數開放；經由電視轉播，當天晚上，半信半疑的東德人蜂湧進入西德及西柏林。是時在波蘭訪問的柯爾（Helmut Kohl，一九三〇）總理火速趕回西柏林，隔天在市議會大廈向東德人民許下了將可過與西德人民同樣生活水準的宏願。十一月二十七日，萊比錫星期一的示威口號，**要求結束東德政權，兩德統一**。自此以後，每個星期一固定的示威遊行皆會聽到抑揚頓挫的口號：「**我們是同一個民族**」和「**德國，統一的祖國**」。

有了這個民意爲基礎，每一個東德地區的人民議院皆一致決定刪除東德憲法裡規定的「社會主義統一黨爲國家的領導政黨」這項條文。十二月七日，政府代表和民眾人權運動代表第一次舉行「圓桌論壇」，嘗試找出能給國家和社會和平轉變的方式，莫德洛政府在反對黨的壓力下解散了「國家安全局」。**一九九〇年三月**，部長會議的委員決定將隸屬於國家的營業單位轉換爲資本公司，爲此而建立的「託管局」立即發展成爲一個私人機構，它應該將東德的計畫經濟轉變成市場經濟政策。四月十二日，人民議院選出基民黨的戴．梅齊耶（L. de Maizière，一九四〇）爲總理，與他聯盟的政黨皆同意兩德盡可能快速地統一，因西德憲法已經在第二十三條擬定了東德有效地加入「基本法」。有關幣制、經濟和社會聯盟的國家合約於七月一日生效。可以引進西德馬克到東德當付款工具。薪水和工資，還有東德一部分的存款將以 **1:1** 東馬克換成西馬克；這一天，即是德國經濟統一的日子。

兩位德國外交部長及二戰四強的外交部長也齊聚波昂，討論有關德國統一的國際觀點。於九月十二日在莫斯科參加 **2＋4** 會談的外交部長簽下了他們協商結束的文件。未來的、再統一的德國將在其「內政、外交事務完全有自主權」，並有權自由決定其與任何人（國）結盟。九月二十日，東、西兩德的議會皆以超過半數通過兩個國家「有關再統一的德國之條約」。這個條約本質上是西德法律可適用於東德。一九九〇年十月三日，東德的五個邦加入「基本法」予以承認的領域，走完了這些法律程序，東、西德意志民族再一次同在一個國家的屋簷下團聚生活，歷史上這是第三次的統一了，東德在其成立四十一年之後走入歷史。

在柏林圍牆被打開時，布蘭德希望這個國家的兩邊能夠迅速並毫無阻礙地一起成長，他說了一句意義深遠的話：「我們現在處於曾經是（合）在一起的，現在又要再次在一起成長的處境。」然而突然地轉變，在東德的經濟危機並沒有解決，反而更嚴重。呈現在西德人眼前的是一片殘破的景象，令人錯愕不已。很多以前屬於國營的企業都已老舊不堪，在自由經濟市場根本毫無競爭力，因而被擱置一旁。緊接著而來的是生產迅速下降，失業率戲劇性地直線上升。毫無領導能力的行政管理缺失、道路網和電話網的不足阻礙了建設一個近代化的工業。要清除可怕的環境污染、要重新修復受損不堪的建築物和要建立一個新的行政管理系統，直到今天都需要花費很大的精力，並且在財政支出方面肯定是一筆天價。

時光飛逝、歲月如梭，一九九〇年統一時，西德已經拿出一千五百億歐元建設東德，又德國政府於一九九一年要求西德納稅公民繳交一項名目爲「統一團結附加稅」（Solidalitätszuschlag），從每個月的薪水扣7.5%，當初柯爾政府告訴西德人，只要交一年即可。守法的西德人服從了。但事實上不是如此，一直到一九九八年都要繳交比例這麼高的附加稅。一九九九年開始直到目前降爲5.5%。德國人會守法，當然跟德國人的個性有關（見第一章第二節「三、民族性格」），德國人注重法治精神，人民親近法治。機器和汽車、電子技術和化學是德國的強項，目前他們自詡爲第四次工業革命，年成長率爲2%，目前失業人口占6%，人民年均收入爲四萬七千美元。德國的觀光業在歐洲排名第三，僅次於西班牙和法國，「童話之路」（不來梅→哈姆爾→漢明登→沙巴堡→哥廷根→卡塞爾→施瓦爾城→阿爾斯費爾特→馬爾堡→施坦恩奧→哈瑙，德文地名及路線圖見第211頁）及「浪漫之路」（烏茲堡→陶伯畢修夫海姆→巴特梅根海姆→魏克爾斯海姆→羅滕堡→希靈斯費斯特→福伊希特萬根→丁克爾斯比爾→諾德林根→哈爾堡→多瑙沃爾特→奧格斯堡→佛萊貝格→蘭茲貝格→雄高→派汀→羅滕布赫→施坦恩加登→施旺高→富森，德文地名及路線圖見212頁）這兩個觀光路線最受歡迎。目前「歐洲聯盟」（EU）有二十八個國家參與，德國是龍頭老大，居於領導地位。二〇一四年希臘發生債務危機，連同上次，德國獨自資助希臘的款額占四分之一。目前有將近百萬多的難民進入德國。可見很多人都想去德國過好日子。

第三章

日耳曼文化的根源及語言

第一節　日耳曼文化的歷史背景

歷史上第一次有關於德國人的老祖宗日耳曼民族的記載，始見於羅馬的凱撒大帝（Cäsar，西元前一〇〇到四四年）所著的《高盧戰記》（De bello Gallico）一書中，記述日耳曼人有高大的軀幹、長長的頭顱、金黃色的頭髮、藍眼睛和白皙的皮膚，但沒有文化，粗俗不堪，卻孔武有力，善於打鬥，凱撒遂徵召他們爲戰士。特別是羅馬史學家塔西吐斯（Cornelius Tacitus，西元五三至一二〇年）在他所著的《日耳曼誌》（Germania）詳細地記載日耳曼人在基督誕生後一百年的一切風俗習慣和生活方式：他們已經從事農業，豢養家畜，已有較多的金屬知識，精巧的手藝。羅馬帝國在歐洲以萊茵河和多瑙河及連結此兩河的圍牆爲邊界，而居住於這條河對岸的諸族，操著各種不同的語言，比如日耳曼語、斯拉夫語和芬蘭語等，因他們既不能讀，也不能寫，行爲舉止粗魯，羅馬人則一概稱之爲蠻族。其中以條頓族（Teutonen）人口最多，即西支日耳曼人，爲德國人的老祖宗，在歐洲歷史上占重要的地位。

日耳曼人屬於印歐民族之一，由多種不一的民族所組成。西元初年已定居於多瑙河和萊茵河北岸了。他們不時地注視對岸富庶的羅馬帝國。這些由農夫和獵人所組成的好戰種族，被羅馬人稱爲「日耳曼」（Germanen），而他們所住的地方就被稱爲「日耳曼尼」（Germanien）。有這種鄰居對羅馬大帝國而言潛藏著危機，在基督誕生前的十多年，他們已經擴展到整個地中海，並以北邊爲界，劃分爲日耳曼人的勢力範圍。一些德國今日的城市名字，像科隆（Köln，字源來自羅馬語的Colonia）、波昂（Bonn，源自Bonna）、雷根斯堡（Regensburg，源自Castra Regina）和奧格斯堡（Augusta Vindelicorum），讓人可以辨認出許多濱臨萊茵河和多瑙河的地方，還有在這些河流的南邊和西邊的地名，都是源自羅馬的軍事屯墾區的名字。

羅馬大帝國曾經多次試圖征服日耳曼（German），然而在第四和第五世紀時，這曾經一度有光輝燦爛文化的帝國陷入紛亂。羅馬帝國崩潰了；由於來自亞洲地區的匈奴人追趕和逼迫使得日耳曼的各種族哥德人（Goten，後分爲東、西兩支）、汪達爾人（Vandalen）、倫巴底人（Langobarden）和布根地人（Burgunder）侵入這古老的帝國。約四七〇年，盎格魯人（Angeln）和薩克遜人（Sachsen）渡過北海，占領了羅馬的省份不列顛（Britannien）。日耳曼人向南、向西和向東的遷徙，也即中古世紀史一般所說的「黑暗時期」。這一段被記載在歷史裡名目不一的章節名稱「來自北方的蠻族」、「日耳曼的入侵」、「蠻族之侵入」或「蠻族大入侵與蠻族王國的興滅」等，蠻族指的就是現在德國人的老祖宗，而「德國史」則美其名爲「民族大遷徙」（Die Völkerwanderung）。可歌可泣地敘述日耳曼人的世界、日耳曼人與羅馬人的周旋及在這塊土地上生息的民族之來龍去脈。

曾經一度光輝燦爛、深具意義的羅馬大帝國城市，比如羅馬（Rom）、米蘭（Mailand）等都被所謂的蠻族摧毀了，那時整個古代世界似乎走下坡了；然而就是在這一次的民族大遷徙運動成爲日後「德國史」的肇端。在十九世紀時，德國人更進一步地相信「德國史」開始的年代是在基督誕生九年之後。在那一年有一個日耳曼薛魯斯克（Cherusker）部族的諸侯阿敏紐斯（H. Arminius，西元前一七至西元後二一〇年）在托伊托堡森林消滅了三個羅馬軍團（共二萬人），儘管無法更進一步知道阿敏紐斯的來歷，而這場慘絕人寰的戰爭其詳情也不爲人所知，但德國人都把阿敏紐斯當成第一個德國民族英雄，所以在一八三八至一八七五年間於德特模（Detmold）爲阿敏紐斯建造了一座巨大的「赫爾曼之紀念碑」（Hermannsdenkmal）。

那個時期有四個日耳曼種族：薩克森（Sachsen）、法蘭肯（Franken）、拜亞（Bai-ern）和阿雷曼（Alemannen／即施瓦本 Schwaben）[1]定居在今天他們的後代大部分都還在居住的地區。現在在這些地區依稀還可聽到德國的方言（土話）[2]，部分當時的傳統和風俗習慣或多或少也保存下來了，這些可從那個時候四個日耳曼種族的移民區獲得印證。

在民族大遷徙時期，日耳曼人不只是與一種古老的文化（指羅馬文化）接觸，卻還和一種新的精神力量——即基督教接觸。約在西元三六〇年時，西哥德的主教烏菲拉斯（Ulfilas，逝於三八三年）將聖經翻譯成他的語言，這是第一部在野蠻時期以日耳曼語言書寫的標榜和平與文化的作品。後來日耳曼人接受了基督教信仰並定居下來，從這個時間點上，人們記載一個新的歐洲史，即中古世紀。

日耳曼文化的年代雖然不能夠與希臘城市國家之古典文明、羅馬大帝國之古典文明，甚至是東方的古典時代相比較，但是在歐洲它也算是最古老的了；因爲當日耳曼人第一次出現在歷史的舞臺上，那時候尚沒有所謂的義大利人、法國人、德國人、西班牙人、葡萄牙人、丹麥人和英國人等之區分。這些民族都是日耳曼人和其他種族混合而成的。只有德國人的老祖宗保留了日耳曼本質，這從塔西吐斯的《日耳曼誌》可得知日耳曼人的生活狀況及其習俗；其中日耳曼人的婚姻觀念最是嚴厲，除酋長例外，行一夫一妻制，絕不雜交，否則婦女遭受嚴厲地處罰，即斷髮後赤身遊行。因有血統混淆之慮，罕有離婚，且有些部落尚禁止寡婦再嫁。他們無論如何絲毫不允許婦女自由。難怪德國人會自詡爲是最純種的日

---

①阿雷曼這個字源後來被法國人用來稱呼「德國的」、「德意志的」、「德國人」，有一句俗話：C'est du haut allemand. 意即：一點也聽不懂。

②從方言地圖來看，現在的德國、奧地利及瑞士皆涵蓋在內，而和德國接界的法國、盧森堡及荷蘭的一小部分地方也說此種方言。

耳曼後代了[3]。然而德意志—日耳曼文化並不是獨立的文化，絲毫不受外來文化的影響，它是建立在如上述的三個基礎上的：第一是古羅馬文化，第二是日耳曼本質，第三是基督教信仰。

第二節 德意志語

德語屬於印歐語系的日耳曼語族西支，它和丹麥語、挪威語、瑞典語、荷蘭語[4]和比利時北部的佛蘭語（Flämisch）及英語有語源親屬關係。要將它形成共同使用的標準語得溯源自馬丁・路德（M. Luther，見第六章第二節）的聖經翻譯。

德國有豐富的方言（地方語），從大多數德國人的方言和發音皆可得知他來自什麼地方。許多方言有非常顯著地差異：如果一個美克連堡人（在北部）和一個巴伐利亞人（在南部）以他們各自的方言交談的話，會產生很大的困擾，因爲彼此無法瞭解對方在說些什麼。除了德國，尚有奧地利、利希頓斯坦恩[5]、瑞士的大部分，在北義大利的南梯洛爾（Südtirol）、沿著與德國交界的地方，如在丹麥的北石列斯威（Nordschleswig）和在比利時的一些小地方、法國的亞爾薩斯（Elsass）和盧森堡（Luxemburg）都說德語。還有生活在波蘭、羅馬尼亞（Rumänien）、匈牙利（Ungarn）和在前蘇聯的一些地區，如窩加河流域[6]有部分還保留說德語。另外還有北美洲（即美國的賓夕法尼亞州的德語 Pennsylvania-deutsch）、南美洲和德意志帝國的前屬地那密比亞（Namibia，德語是多種官方語言之一）也使用德語，目前以德語爲母語的人口總計一億一千多萬。世界上大約每十本書有一本是以德語書寫的。從被翻譯的語言，德語排在英語及法語之後，居第三名。

德語係德意志聯邦共和國、奧地利的官方語言，也是瑞士的四種官方語言之一，及聯合國使用的工作語言之一，分布於德國、奧地利和瑞士是三個最大的德語區。

---

③這一個觀念被希特勒誤用，自認爲亞利安人種的日耳曼人最優秀。

④荷蘭原本使用低地德語，直到十六世紀，三十年宗教戰爭後，方形成自己的標準國語，才脫離德語。

⑤利希頓斯坦恩（Liechtenstein）是一個東邊與奧地利爲鄰，南邊和西邊與瑞士爲界的小國，面積有一百六十平方公里，人口約二萬五千人，瓦杜茲（Vaduz）是首都。

⑥約十七、十八世紀左右，德國的移民潮時期，其後代還保留說母語。

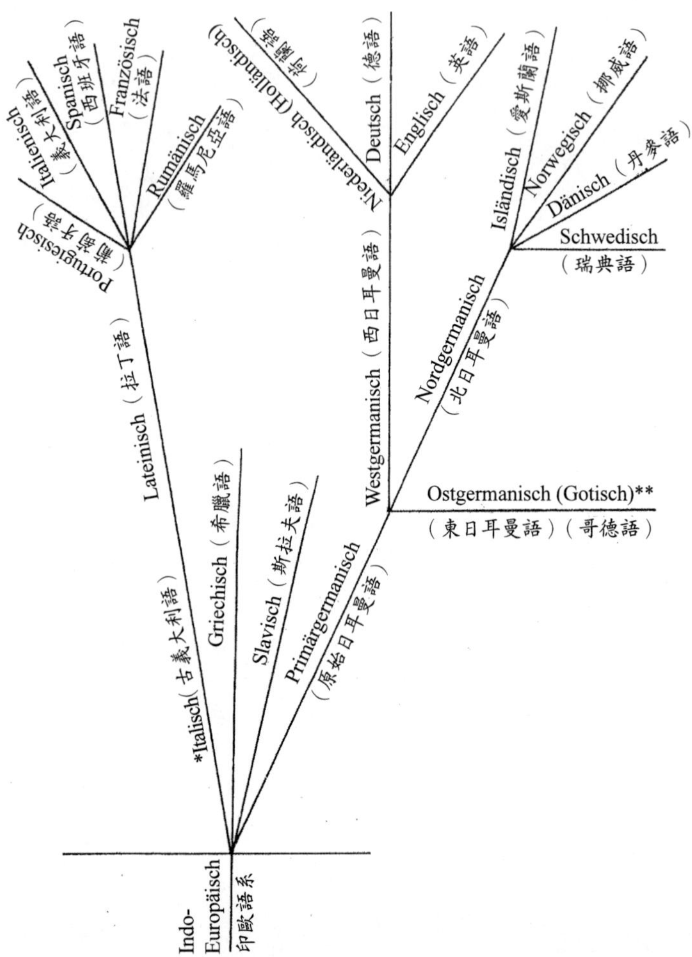

*Italisch　爲古羅馬地方的居民所使用的語言，而拉丁語與當地的各種土語混合發展爲現今所使用的語言。如拉丁語摻合法蘭肯土語而成現在的法語。

**Gotisch　哥德語現已成一種死的語言而廢棄不用。

印歐語系概覽表

字　　母

羅馬體鉛字　　　　德國花體字

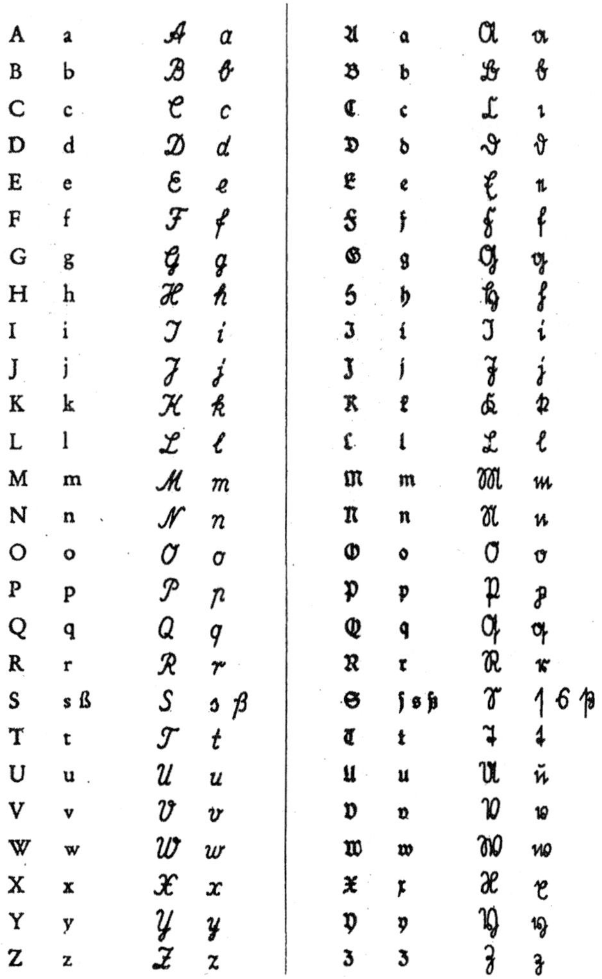

***注意

原本的德文字體，即德國花體字，到二次世界大戰結束爲止，已漸漸停止使用，現今約九十多歲左右的德國人仍慣於書寫此種繁複的德文花體字。目前一般所採用的仍是通行於全世界的羅馬體鉛字（即拉丁體）。東、西德於 1990 年 10 月 3 日和平統一後，德國正式規定於 1999 年 8 月全面使用「德語正字法」（Deutsche Rechtschreibung）。

一、德語字源

德語（Deutsch）一詞是怎麼來的？根據歷史的記載，早期三大著名修道院——富爾達（Fulda）、聖加倫（Sankt Gallen）和雷根斯堡的僧侶用古德語寫作，約西元七八六年在手抄本上第一次出現「deutsch」這個字。那麼deutsch的意思是什麼？這個字不像法國、英國、西班牙和義大利是源自於一個地區的名字。deutsch這個字是眾多歐洲種族名字當中最年輕的一個。這個字最初的形式是「diutisc」。它的古德文的書寫是從diot（意即種族）而來的。Deutsch（音譯爲德意志）——此字在西元八〇〇年出現，起先此字只是法蘭肯王國東部地方所使用的一種語言而已。因爲需要一個代替Germania，即塔西吐斯的著作《日耳曼誌》的簡短形式，十六世紀開始才有Deutschland這個字，Deutschland（德國）也即這個Deutsch種族人的土地Land，至於Germanen人（塔西吐斯這樣稱呼他們）是什麼意思呢？語言學家們也都不知道，也許是帶矛的男人們，也許是鄰居，或許是森林的居民之意思吧！現在的英國人、美國人就稱德語爲German，法國人叫它allemand，德意志語是從日文對deutsch（ドイツ）的音譯而來，而日耳曼則是從英語的German音譯而來的。

德語的進化和一般文明國家都有類似的步驟。德文是由古德文（Althochdeutsch，七五〇～一〇五〇）→中古德文（Mittelhochdeutsch，一〇五〇～一三五〇）→早期新德文（Frühneuhochdeutsch，一三五〇～一六五〇）而形成今日各地從一六五〇年以來通用的現代德語（Neuhochdeutsch），都是經過漫長的演變而來的。至於哥德文及古德文現在幾乎是沒有人看得懂，除非他對古德文下過工夫。就如同中國的甲骨文，除非是那些專業大師們才瞭解，一般來說，是猶如瞎子看畫。那麼Deutsch是怎麼樣的一種語言呢？它在印歐語系中，屬於原始日耳曼語的支派——西日耳曼語和英語及荷蘭語都出於同一語源。今天在歐洲一共有九種日耳曼語（Germanische Sprache）還被人們使用。除了語源最接近的德語、英語之外，其他的七個是瑞典語（Schwedisch）、挪威語（Norwegisch）、丹麥語（Dänisch）、伊斯蘭語（Isländisch）、荷蘭語（Holländisch）、佛蘭德語（Flämisch，比利時的北部說此種語言）、佛里斯蘭語（Friesisch，佛里斯蘭群島說此種語言）。

在德國的語言文學史上，十六世紀的宗教改革家馬丁・路德（Martin Luther，一四八三～一五四六）翻譯聖經，可說是功不可沒的壯舉。經由他的翻譯統一了德國的語言。我們知道，昔日德國境內有法蘭肯族（Franken），薩克森族（Sachsen）、巴伐利亞族（Bayern）和施瓦本族（Schwaben）、阿雷曼族（Allemannen）等較大的日耳曼族（Germanische Stämme）。猶如中國有漢、滿、蒙、回、藏、苗等之分。其中，巴伐利亞族、施瓦本族及法蘭肯族分布在南部，萊茵族（Rheinländer）、普法茲族（Pfälzer）及黑森族（Hessen）分布在中部，而北部有威斯特法倫族（Westfalen）、下薩克森族（Niedersachsen）、石列斯威—霍爾斯坦族（Schleswig - Holsteiner）以及佛里斯人（Frieser）。然而這只是粗略地劃分，各族尚有許許多多的小部族，例如，巴伐利亞尚分爲上、下兩支，就如同臺灣的原住民尚有布農、達悟、泰雅、排灣等族的區分。他們的語言也不一樣，昔日有所謂的巴伐利亞土話、法蘭肯土話、薩克森土話等，就好比中國有各地的家鄉話：福州話、廣東話、上海話、潮州話、閩南話及客家話等等，五花八門都有。當一個上（北）巴伐利亞人和一個下（南）薩克森人聊天時，如果他們都用標準德語交談，那當然是毫無困難的，如果各用各的家鄉話，那就需要借重翻譯先生居間的幫忙了，由此可看出德國的方言是出奇地多。因此馬丁・路德在瓦特堡（Wartburg）花了十二年時間，把《聖經》翻譯成德文（一五二二年完成新約，一五三四年完成全部的聖經翻譯）。在翻譯的處理方式，他遵循通俗、明白、能使人民普遍接受的原則，創作了第一部「民眾的聖經」。這部聖經以圖林根一帶比較統一的公文用語爲基礎，吸收了中東部和中南部方言中的精華，創造了許多新的詞彙。由於路德的《聖經》德語譯本和他的其他著作之傳播，書面共同語開始形成，這即是今日所通用的德語。

二、德語是什麼樣的語言

學（過）德語的人都說「德語很難學」、「德語好可怕喔！」，同樣是印歐語系的法語及西班牙語就比較容易。對此都有一致的看法，爲什麼會如此呢？因爲德語的確有它的特色——即是變化複雜，而德國人因應此種母語的特色，養成他們的邏輯思考，將其文法的複雜性整理得相當整齊、有規則，且講得頭頭是道，但學德文的人就要辛苦一點了。每一種語言都有它的特色，而德語的特色就像瑞士詩人費德勒（Heinrich Federer，一八六六～一九二八）所說的：「法語是一個高貴的公園，義大利語是一處巨大的、明亮的、五彩繽紛的森林。但是德語幾乎就像是一處原始森林，如此地茂密與神祕，沒有寬敞的通道，卻有千百條小叉路，在公園裡不會迷路，在義大利明亮的森林不會這麼輕易迷路和遭遇到危險，但是在德文裡，一個人可能在四、五分鐘內迷失在叢林中。」這種巧妙的比喻，可謂十分傳神。

美國作家馬克・吐溫（Mark Twain，一八三五～一九一〇）[7]其家喻戶曉的作品即《頑童流浪記》，在他的一本書《馬克・吐溫逛歐洲》（Mark Twain bummelt durch Europa）則說：「一個人學英語只要花三十個小時，學法語只要花三十天，而學德語就必須花三十年。」，那麼他是在什麼情況下說出德語是這麼難學，這麼可怕的語言？他曾經以新聞記者的身分於一八六七年第一次到過歐洲，後因償債需要又兩度（一八九一至一八九五年及一九

⑦馬克・吐溫爲筆名，本名爲 Samuel Langhorne Clemens。

○三至一九○四年）赴歐洲巡迴演講，他是極具知名度的幽默作家，爲博君一粲，他的演講的確幽默風趣，令人莞爾，不過也將德文鞭撻得體無完膚。例如他從德文名詞的三個性別著手，即符合「陽性」及「陰性」名詞的定冠詞及另一個「中性」定冠詞。他說在德語中，一位小姐是沒有性別的【按：德文的小姐（das Fräulein），das 是中性定冠詞，其實那是由陰性名詞 die Frau，女人、女士的單詞，按照語法變化規則加上後加音節 -lein，而 lein 有縮小，小一號體積之意，然後 a、o、u 三個母音字母要改成變元音 ä、ö 及 ü，故變成中性的語法名詞 das Fräulein】。而一顆蘿蔔是有性別的，（即 die Rübe，die 是陰性的定冠詞），好了，這麼一來，「小姐」是中性名詞，「蘿蔔」是陰性名詞，因此有人會誇張地敬重蘿蔔，另一方面會輕視厚臉皮的小姐。下面這段簡短的對話倒是很傳神：威廉，蘿蔔在哪兒？——「**她**」到冰箱裡去了。那位有教養的、漂亮的英國小姐在哪兒？——「**它**」去看歌劇了。他又指出德語文法的例外多於規則，他說：可以肯定，世界上再沒有一種語言會像德語這麼混亂無序，這麼沒有系統和不可理解。你以爲已經掌握了某一個語法規則，可是不久你不得不發現規則的例外比符合規則的例子更多，於是你又回到了原來的渾沌狀況，不知阿勒山⑧在哪裡，不知流沙在何方。

更誇張的是馬克．吐溫對德文動詞必須放在句子的最後面及關係副句的描述，他說：動詞離讀者分析理解用的主句其他成分有多遠啊！在某張德語報紙上，有人甚至把動詞遠遠地放到下一頁版面上，以致於有些讀者由於時間緊迫，不得不放棄去看那個動詞。還有，德語語法中充滿了可分離動詞，它們分成兩半，一半放在句首，另一半放在句尾。人們可以將德語中的關係副句或帶括號和不帶括號的插入語蒐集起來，寫在成串的紙條上，這些紙條可以捲啊捲的捲成一捆圓形椅子讓人坐到上面去。對於形容詞，他說：德國人一旦有一個形容詞到手，就會不斷地將它一直變化呀變啊變到讀者的正常理解完全徹底地崩潰，其可惡程度絲毫不亞於拉丁文。馬克・吐溫這麼說雖然太過誇張了，但我想學德語的人皆有切身的體驗，既然知道了德語的複雜性，所以我們必須坦然接受，並定下心來，用耐心與毅力持之以恆來學習。

⑧阿勒山（der Ararat）是土耳其最高的山脈，有兩座高聳的死火山，靠近伊朗和前蘇聯，大阿勒山有五千一百六十五公尺高；小阿勒山在二千六百公尺高的地方由一處馬鞍形山脊與大阿勒山隔開，高三千九百二十五公尺。一八二九年巴羅特（F. Parrot）首次登上大阿勒山。相傳阿勒山是「挪亞方舟」（Arche Noah）降落的地點。

第四章

中古世紀的文化

中古世紀的年代劃分，係指介於古代和新時代之間。早期中古世紀指古希臘、羅馬時期（Antike）歷經羅馬大帝國在第三世紀的危機直到查理曼大帝於八〇〇年在羅馬被教宗加冕稱帝爲止這一段時期。本章節的重點論述約從八〇〇年起到宗教改革前爲止的日耳曼文化。

第一節　中古世紀的德國社會

早期中世紀的帝國並不是以近代觀念由中央統治的國家，當時的中歐尚被廣袤的森林覆蓋著，人煙稀少；整個地區的經濟、權力及文化的基礎大部分掌握在教會的手中。和東方的文化、繁榮的城市及文明相比較，中歐一直還是很落後、貧窮。所以那個時候不可能做到由一個有能力的官僚系統和一支由中央統轄的軍隊來管理並保護這個大帝國。因此之故，皇帝把幅員遼闊的帝國託付給神界和俗界的王公諸侯來管理，這些人向皇帝宣誓效忠、服兵役，但在他們的土地裡則擁有絕對的自主權。這些王公貴族又把他們的土地分封給低階貴族，低階貴族又再分給農民。所以形成了一種如金字塔般互相依賴的采邑制度或封建制度。

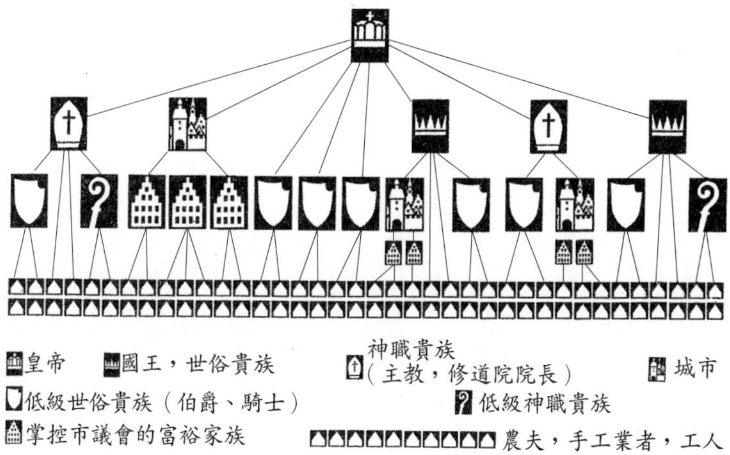

來源出自：E. Zettel: Deutschland in Geschichte und Gegenwart. S. 17.

封建制度的政治和社會結構表

中古世紀的歐洲盛行封建制度。封建主義（Feudalismus）是從拉丁語 Feudum 衍生而來的，它的原意是「封地」或「采邑」。這個詞常用在以服兵役作爲換取土地權的代價，即從貴族所擁有的土地中指定一塊地賜封給服兵役者。封建時代，土地爲國王所有，國王以之分封諸侯，諸侯又分封於卿大夫，卿大夫之下有家臣，家臣之下爲農民或農奴，如此層層相因，各階級遞相隸屬之社會關係，謂之封建制度。因此封建制度是社會中的一種分權組織，爲大領主或宗主與其附庸或封臣間的一種關係。

第二節 騎士文化及文學

騎士（Ritter）是十世紀後歐洲社會裡產生的一個新的社會等級（見封建制度表），騎士階級是在沙利爾王朝統治時出現的。騎士文化則是在十字軍東征時產生的，在斯道佛王朝騎士制度發展到頂峰。約一二〇〇年產生了所謂的騎士宮廷文學，被描寫的對象是騎士。騎士由低級世俗貴族或具有天分的農夫、市民的小孩，約在五歲左右即被送進「騎士養成所」，由封建諸侯在戰爭、狩獵、文學和音樂等領域嚴格地訓練他們；從最基本的家務事做起，比如打水掃地、跑腿或服侍貴婦人（女主人）用餐時，替女士拉開椅子等等，到十四、十五歲左右則教以格鬥技術，二十歲通過騎士比武競技考試，方成爲一名正式騎士。戰功彪炳的騎士則由其主上賜以采邑或土地。中古世紀時，爲了自衛和戰爭，騎士們的住宅都築在山上或四周有水道阻擋的堡壘，他們擁有大量的土地，並向住在他們土地上耕種的僧侶和農夫徵收什一稅，僧侶和農夫則無須服役，而騎士本人則隸屬於一個封建諸侯，爲封建主服務；諸侯則又臣屬於皇帝，這即是中古世紀采邑制度的特點（見圖表）。

騎士須具備基督徒的謙恭、忍讓和武士的豪邁、勇敢之精神，一個正式的騎士必須效忠並服從其領主，獻身於教會。並要表現騎士的戰鬥經歷、武士美德、責任感、榮譽心、愛情與冒險傳奇等。騎士的素質與地位被肯定後，國王或其他的王公貴族都常把自己的兒子賜封為騎士，以表示這個職位的榮譽，其實也藉以教育他們。一一八四年，在美因茲舉行的帝國大會，紅鬍王冊封其兩位年長的兒子為騎士。能夠替紅鬍王服務的騎士皆視為是無上的光榮。這個騎士階級為了塑造貴族階級的形象，受了法國的影響，轉向詩詞韻文學方面的創作。他們思考著：僧侶們苦行主義的理想是否適合騎士？在騎士世界裡是否值得去努力爭取獲得恩寵、榮譽和幸福？

中古世紀有一種文學類別是至今還很難令人領會的「宮廷戀愛抒情詩」（Minnelyrik），抒情詩所描寫的，所獻詩的對象，並不是騎士的戀人或妻子，而是已婚的貴婦人或是騎士的領主之妻。這些貴婦人是騎士精神上的情婦，她們鼓勵騎士建勳，奮不顧身，具有戰士般的忠誠。歌頌騎士與其戀人純潔之愛的騎士抒情詩最早起源於法國。受了在各諸侯宮廷中作客的法國抒情詩人的影響，產生了德國的「戀愛詩」（Minnesang）。由於無法以詩詞表達對兼具美麗與道德崇高的聖母之尊敬，這些詩人們轉向賦詩讚美貴婦人。之中最出類拔萃的是瓦爾特．馮．佛格爾威德（Walther von der Vogelweide，約一二三〇年逝世），當他讚美貴婦人時，他對被讚美者外表的美麗與內心的高貴同樣重視，在讚美貴婦人的詩中把愛之尊敬與民族的崇高感覺融合為一。「愛」在他看來，不只是要能贏得女主人的青睞，而且還要發自內心的共鳴。在他成熟的藝術創作中，已經沒有封建主義的階級之區別了，除了對貴婦人獻詩外，他並提倡也可以對身分較低的少女（即平民少女）獻詩。他以自然，發自內心單純的動機，屬於個人之愛的語調吟詠了輕鬆活潑、悅耳且富機智的抒情詩，表達平民之女對愛情歡樂與痛苦的感受。

一個巴伐利亞不知名的詩人於大約一二〇〇年寫了一部《尼布龍根之歌》（Nibelungen-lied）。它和較爲古老一點的《希爾得布蘭德之歌》[①]一樣，這部敘事詩的主題是民族大遷徙時期一種悲劇性的衝突。取材自日耳曼民族的古老傳說和第五世紀民族大遷徙時期，匈奴人征服布根地王國的史實。敘述在渥姆斯（Worms）的年輕國王西格費里德（Siegfried）被哈根（Hagen）刺殺，不幸的皇后克莉姆希爾德（Kriemhild）的復仇，在匈牙利的匈奴王阿提拉（Attila）的宮殿大開殺戒，將布根地人全數消滅。史詩描寫了古代封建宮廷的陰謀和殘忍，爲德國最重要的史詩作品。此詩強調榮譽、勇敢、服從、忠誠和陰暗的命運，後代作家多人曾從中取材進行創作。全詩九千五百一十六行，以中古高地德語寫成，每四行爲一節，共二千四百節，每兩行押同一韻腳，被稱爲「尼布龍根詩體」。

哈特曼・馮・奧埃（Hartmann von Aue，一二一五年逝世）最著名的一部傳奇敘述作品《可憐的海英利希》（Der arme Heinrich）主旨爲立意自願奉獻犧牲，可獲得神的眷顧與恩寵。海英利希騎士在躊躇滿志的生活中忘了上帝，於是上帝處罰他使之患痲瘋病。他到處求醫，散盡家財，仍無法治癒，最後一個名醫告訴他，假如有一位純潔無罪的少女自願爲他犧牲，奉獻其心臟的血液的話，他的痲瘋病即可治癒。村民們都躲開他，只有他的佃農收容了他，佃農的女兒對他悉心照顧，並愛上他；聽說治癒海英利希的方法後，毅然決定用自己的生命挽救海英利希，當醫生操刀揮向少女的一剎那時，海英利希為少女的犧牲精神所感動，他領悟到自己不能太自私，遂阻止了這件事，並決定接受自己的命運。上帝為此降福於他，使他恢復健康，並同佃農之女喜結良緣。

奧埃的另一部聖人傳奇作品充滿了天主教思想，《葛列哥留斯》（Gregorius）是敘述犯罪與獲赦免的聖人傳奇故事。葛列哥留斯類似弒父娶母的奧迪浦斯（Ödipus）。但奧埃在故事的鋪陳中，較希臘雅典的名悲劇作家索佛克利斯（Sophokles，西元前四九六～四〇六）更具有想像力，使故事更曲折離奇。他先讓故事中的兄妹亂倫，後來哥哥千里迢迢到聖地去懺悔，因思念妹妹而客死異鄉。妹妹生下的兒子，被安置在一艘小船上漂流，身邊放著一塊說明其身世的牌子。小男孩被漁夫救起，送到修道院，院長給他取名葛列哥留斯。

---

①約八〇〇年左右出現的這一部日耳曼著名的傳說，它敘述在民族大遷徙時期，東哥德國王的侍臣希爾得布蘭德年輕時受羅馬方面的逼迫，逃到匈奴人那裡。三十年後歸來，他的兒子不但不認他，反而誣他是匈奴人，並向他挑戰。為父的幾經掙扎，但英雄榮譽感終於戰勝了父子之情，遂應戰。最後以父親殺死兒子的悲劇收場。這一傳說從八世紀產生以來，流傳了好幾個世紀，民間口耳相傳，具有淳樸的民族性質。兒子表現的是具有強烈的民族感情，父親則是表現了日耳曼民族的驍勇善戰，在挑戰面前不得表示懦弱。

長大後，葛列哥留斯得知自己的身世，便離開修道院當了騎士，外出尋找父母。他長途跋涉來到故鄉，解救了被敵人包圍的母親，母子倆互不認識，結果結了婚。母親不久發現兒子帶在身上的牌子，懊悔莫及。兩人分手後，葛列哥留斯讓人把他綁在大海中的一塊礁石上，經年累月受海浪的衝擊，只靠水維持生命，在孤島上懺悔了十七年，自願因罪接受懲罰，虔誠地懺悔終於感動了上帝，上帝派人將葛列哥留斯救出，並任命他爲教皇。他就職後，遇到來羅馬懺悔的母親。從此，兩人爲上帝服務，度過餘生。一九五一年，湯瑪士・曼（T. Mann）取自葛列哥留斯的主題，以他一貫獨特、熟練、巧妙的語言寫成了一部名爲《當選者》（Der Erwählte）的小說。

奧埃和渥爾夫朗・馮・艾辛巴赫（Wolfram von Eschenbach，一二二〇年逝世）②在他們的敘事詩都是敘述英國克爾騰（Kelten）族的亞瑟王（Artus）和他的騎士們的傳奇世界。在全部有關亞瑟王的敘事作品裡，也許艾辛巴赫約寫於一二〇〇年的《帕齊划爾》（Parzival）是他那個時代最具代表意義和最能清楚地反映他那個時代的理想。此部作品共有二萬五千行詩，是中世紀德國文學的名著，也是該時代最佳的作品；其材源雖取自法國詩人克雷田（Chrétien de Troyes）約於一一八〇年未完成的培西伐爾（Perceval），但是這部作品卻幾乎是他個人全新的創作，有別於任何一部專寫亞瑟王圓桌武士冒險的傳奇，它是一部描寫凡人奮鬥的心路歷程之文學作品。

歷經漫長地探索到成爲基督徒騎士的帕齊划爾終於瞭解上帝的善性，對上帝的恩寵與赦免深具信心。歷經多次的戰役之後，他再次來到聖杯堡，基於純粹的同情心問起聖杯王痛苦的原因，於是神的慈悲顯現了，神的救贖已完成，聖杯王的痛苦也消失了。帕齊划爾完成任務，達到了最高目標，繼爲聖杯的守護王，與神選的騎士團一同守護聖杯，過著一種受人尊敬，又能服侍上帝的合乎理想騎士的傳統生活。艾辛巴赫的史詩表現了騎士道德的節制、勇敢和忠實，否定當時宮廷流行的騎士與貴婦人之間虛僞的愛情。

歌特夫里．封．斯特拉斯堡（Gottfried von Straßburg，一二二〇年逝世）在他約寫於一二一〇年的悲劇詩行小說《特里斯坦和伊素爾德》（Tristan und Isolt）美化了愛情，他在這部小說裡熱情地大肆讚揚塵世間的愛勝過上帝的力量。受過書寫教育的斯特拉斯堡在此部文學作品中的用字遣詞均能運用自如，全詩簡潔明朗，充滿了悅耳、行雲流水和幽雅的句子，全詩的主題是「愛情」的力量。

特里斯坦赴愛爾蘭替其叔父馬可王迎娶伊素爾德，返航途中兩人誤飲原爲馬可王與伊

---

②德文姓名帶有von有兩種不同的意思，本章節的作家，由於年代久遠不知其姓氏，只好以地名代之，所以這個von「馮」指的是他來自什麼地方。另一個von譯爲「封」，是貴族的稱號。

素爾德準備的「愛之泉水」，在兩人身上遂產生一種奇妙的、至死方能分離的感覺。

伊素爾德與馬可王成婚後，與特里斯坦藕斷絲連，終被馬可王識破；特里斯坦被罰赴異地作戰，後娶了另一同名的伊素爾德．魏斯漢德。一次作戰時，他被毒箭所傷，派人前往尋找懂得巫術的伊素爾德前來治療；約定如她前來時，以白帆為記號，魏斯漢德謊稱為一掛黑帆之船。尚存一線希望的特里斯坦遂氣絕而死，千里迢迢趕來的伊素爾德傷心愛人之死，也立即心碎而亡。後人將他們分葬教堂兩邊，兩人墓上的葡萄藤枝葉茂盛，盤根交錯，象徵其至死不渝的愛情。此部詩詞小說頌揚塵世間的愛勝過上帝的力量。

《尼布龍根之歌》、瓦爾特的戀愛詩歌、哈特曼、渥爾夫朗和歌特夫里的敘事詩標誌著中古世紀的德國文學最輝煌燦爛的一頁。

第三節　羅馬式建築

中古世紀西方的文化最重要的代表是「教堂」，因為中古世紀是「神」的世紀，為神修建住處，就是犧牲一切亦在所不惜。建築和繪畫、文學和音樂，除宣傳、發揚光大其教義之外，也兼具美化神的住宅「教堂」，蓋教堂是表達對神的尊敬、對信仰的熱忱最直接、具體的表達方式，因此無論貧富貴賤，人人贊同修建教堂。一座龐大又美觀的教堂以當年的技藝非一年半載可蓋好，往往需要耗時數十年，甚或數百年方可竣工③，費用龐大更是驚人；但人人自動捐獻，有錢出錢，有力出力，建築師貢獻自己的設計天分，不但終生在一處工作，而且往往代代相傳，子繼父業，孫承祖傳。目前歐洲到處可見雄偉壯麗的教堂，這些有由王公貴族或修道院獨資建蓋的，更有各層階級的人民聚資，經年累月，胼手胝足修建完成的。

羅馬式教堂建築之藝術基本上源自於古羅馬時代的「巴西利卡」（Basilika），這個拉丁字係源自於希臘字 Basileos，這種建築是羅馬古典的「長方形會堂」建築，是羅馬人從希臘建築的一種有圓頂大廳和圓形拱門的建築物改良而來的，用來當作法庭或交易及民眾集會之公共場所，而當時的基督徒則稱呼他們的大教堂爲「巴西利卡」。又「羅馬式建築」（Romanik）一詞是從義大利傳到西歐和中歐的；十一和十二世紀在萊茵河兩岸地區矗立著許多座在建築學上具有代表意義的「羅馬式」大教堂。如在渥姆斯、斯拜亞（Spyer）和美

③哥德式的科隆大教堂（Kölner Dom）於西元一二四八年奠基，於一八八〇年方完工，花了六百三十二年的時間建蓋。

因茲的皇帝大教堂都是那時候建蓋的。它的建築特徵：簡單、結實、對稱地呈現；拱頂、大門和小窗戶皆呈圓拱形。

中古世紀缺乏鋼筋，只好以磚石來支撐石天花板和沉重的屋頂，讓天花板的巨大重量平均地沿牆漸漸減輕。教堂外頂多以巨大穹窿、連串的穹窿或以半圓拱作頂，故堂頂的重量相當大，爲了承受住堂頂和天花板的壓力，必須有堅固又厚實的牆壁始能支撐，且盡可能不要有開口，因此窗戶也不能過大，就因窗戶的空間很少，所以教堂內部光線奇差；這種幽暗柔弱的光線，便呈現出神祕的氣氛，讓人容易產生虔誠與超自然的感覺，崇敬之情油然而生。

羅馬式大教堂的富麗及雄偉，象徵著宗教力量的偉大，隱修生活重整的光輝以及文明進步的里程碑。在日耳曼帝國由主教、修道院院長，特別是德國的皇帝蓋了許多漂亮的、典型的羅馬式大教堂；而且在鄉村也有多座規模較小的羅馬

渥姆斯大教堂，為羅馬式建築

（圖片來源：IDJ 圖庫）

式鄉村教堂，它們的建築風格也一樣。

教堂的內部裝飾需要美化，因此雕塑、繪畫應運而生，題材多以聖經故事或聖賢事蹟爲主的雕像、壁畫、彩色玻璃窗與雕刻，對於不識字的教徒而言，就是一部圖解聖經與一部教會史。在海德斯海姆（Heidesheim）的教堂裡，一些銅門上的雕塑，摻揉有些許日耳曼風味，在帕德波恩（Paderborn）的教堂裡，聖母與聖嬰的雕像都是極美的藝術傑作。雕刻，尤其浮雕（Relief）廣泛地用爲建築上的飾物，在雄偉的教堂上用得更多；祭壇、主教用座椅、神龕、誦經臺、歌詠臺、聖餐欄杆排柱頭等等，尤其是大門上的浮雕更是不可缺少的飾物。晚期羅馬式著名的代表作，如在邦堡（Bamberg）教堂的雕塑，代表宗教思想濃厚的騎士制度之「邦堡騎士像」（Bamberger Reiter）尤爲著名。

比起歐洲其他國家，德國的羅馬式藝術很晚才被哥德式取代，從許多被保存下來的建築物中，可見教會和王朝對文化的概念是一致的。

邦堡大教堂前騎士像

（圖片來源：IDJ 圖庫）

第五章

晚期中古世紀

中古世紀晚期時，各邦諸侯權力大增，他們利用教皇和皇帝之間的矛盾，牟取自己的權益。諸侯權力大到足以和國王抗衡，國王為保衛王土與需要大筆的金錢，只好向因經商致富的城市借錢，一些諸侯也需要城市的金錢，因此常常與皇帝及城市開戰。逐漸富裕的城市為了自保，就結盟為城市邦，這是晚期中古世紀政治的輪廓。文化方面，一度曾獨領風騷的騎士文學也讓位給市民文學。宗教信仰方面雖然仍以「神」為主體，但是晚期的思想逐漸呈現「人文主義」的色彩，而當時的藝術以「建築」為馬首是瞻，「神住的城堡」——教堂可證明。中古世紀早期的羅馬式建築和晚期的哥德式建築留下良好的見證。

第一節　城市的形成和發展

晚期中古世紀的政治和文化的發展使城市呈現一片欣欣向榮的局面，而且可以獨當一面。相對於早已形成民族國家的英國和法國，在這一塊中歐的土地上（指德國）就像是一個無法確定民族界限的地方，長久以來雖然是邦國林立，然而德國文化仍是緊密地聯結在一起的。

城市在晚期中古世紀當作重要的文化推動力，這得歸功於它被建立起來或者是它在經濟和社會的變遷下迅速地成長。直到目前爲止，德國還是一個農業國家，由於新興的職業和活動性強的商業，城市如雨後春筍般紛紛地冒了出來；最常見的是環繞著一座修道院、一座教堂，或是那裡本來在主教駐蹕地就已經有一座附屬於教會的主教座堂學校。在時間的長河裡，德國各地遍布著大、小不一的城市，它們逐漸成爲方圓地區的經濟和精神中心，然而農耕幾百年來在德國的一些城市裡仍然是生活的支柱。中古世紀的城市可以說是一座擴建的城堡，爲了戰爭和自衛，有堅固的堡壘、圍牆與厚實的加蓋有防衛塔樓的城牆、一到晚上即關起來的城門和吊橋。城內的主要公共建築物爲市集廣場和圍繞著它的一些市民建築，其中當然少不了市政廳與教堂。市集廣場中間有具各地特色的噴水池，都是技藝精湛的手工業者建造的。

城市生活經由新興的行業呈現豐富多樣的面貌，特別是手工業和商業使城市充滿了活力。中世紀的手工業者組成堅固的聯盟，也即同業公會（Gilde 或 Zunft，也譯行會或幫會），這個同業公會支配商品的檢驗、控管及生產計畫，規定品質等級、存貨、物價，還有商業倫理道德、培訓和社會福利。一個手工業工人要進階需要經過三個階段：第一階段是學徒（Lehrling），大多爲青少年，他跟著師傅學習某一技能或某一行生意。他與師傅的關係是主僕，他不能完全自由，但也不是奴隸；他必須工作，服從師傅的命令，而師傅則要保障他的生活與安全。第二個階段是職工（Geselle），職工是當完了幾年學徒階段的青年人，他的地位較爲獨立，通常他的工作都可以得到一些報酬，但尚不能夠自主，獨當一面開一家商店。爲了要讓職工獲取更多的知識，必須多年從一市鎮到另一市鎮去學習，然後等他有能力成家立業時，他那種行業的公會就正式承認他爲師傅（Meister），而且可以加入行會爲當然會員；通常一位師傅總是收有幾位學徒與職工的，他本人一方面是店主（老闆），一方面也是個熟練工人（他即資本家兼勞工）。他購買原料製作商品（當時的製造皆爲手工製作，很少使用機器），然後將成品放在自家的商店或兼工廠的店中出售，或者他也可以拿到市場中，或鄰近趕集的集市上出售。至於要銷售到遠地，則由行會向他批發後運輸出去。

中古世紀德國城市的興建與城市法律起初控制在王公貴族、特權階級和城市貴族（即富裕市民）手中，後來由於各行同業公會團結起來，努力爭取的結果，市民階級也逐漸能參與城市的行政管理之事，呂北克（Lübeck）和馬格德堡（Magdeburg）制定的「城市法」（Stadtrecht）是其他城市最好的榜樣。

許多城市爲了政治、軍事目的及基於商業利益而成立了聯盟，在南德皆組成城市聯盟，而在北部所組成最大和最具重要性的城市聯盟是漢薩（Hanse）。「漢薩」一詞乃日耳曼語，有「同盟」或「聯盟」之意。於十三世紀組成，創始者爲呂北克城，居領導地位，以漢堡、不來梅和科隆等諸城最重要。最盛時期是十四世紀，加盟者七十餘城。它召集會議，組織海、陸軍遠征隊，除了在日耳曼諸聯邦中推進商務，同時也經營日耳曼對外國的商業。它在義大利、荷蘭、英國、斯堪地那維亞與俄羅斯等地，都擁有商業據點。在十四和十五兩世紀壟斷波羅的海和北海的商業，操縱丹麥、挪威和瑞典的經濟命運。

漢薩同盟具有政治獨立的一切從屬權力。在外國的各據點享有許多特權，並由自己的日耳曼官吏與法律統治。這些外國領土形同漢薩同盟的殖民地。其大政方針取決於與盟城鎮的代表會議，此會議通常在呂北克的公會大廈舉行。漢薩同盟有自己的旗幟、外交人員及法律——呂北克法律。它也可以締約、宣戰，甚至有時不宣而戰。物極必反，漢薩同盟之間也因競爭與嫉妒因素使加盟城鎮間和商業家族間彼此仇視敵對，而大大地削弱了聯盟的力量。一五〇〇年後，漢薩同盟就迅速地衰弱了。

如同漢薩同盟稱霸於波羅的海和北海之間，在南德的一些大城市有許多商業建築物的經濟特區，比如雷根斯堡和奧格斯堡等。這些城市因爲財富增加，所以權勢迅速膨脹。他們以各種方法從皇帝或諸侯那裡爭取到特許狀，擁有鑄幣權，漸漸成立他們的自治政府，雖然名爲「帝國直轄市」（Reichsstadt），但事實上已經獨立成爲自由的城市國家了。其中的市民因爲有錢而又有暇，所以這些城市變成了藝術與學術的中心。十四世紀時，第一批德國大學紛紛在布拉格、維也納、海德堡和科隆等城市設立了。科系的排名依次是神學、法學、醫學和哲學。

隨著晚期中古世紀的結束，騎士階級走入歷史，代之而起的是平民階級，成爲文化的代言人。另外一個新世紀伴隨著人文主義的思想，使人類的文化與文明又向前邁進一大步。

第二節　市民文學

十三世紀末，新式的武器、步兵剝奪了武士和騎士們在軍事與政治上的重要性，騎士文學不再獨領風騷，取而代之的是「市民文學」。市民文學最主要的形式是「師傅歌唱家之歌」（Meistersingerlied），直到人文主義時期，各地都成立與手工業公會有聯繫的歌詠學校。新興的市民文學——「師傅之歌」（Meistersang）[①]起先關心宗教主題，後來漸漸觸及世俗主題。作者大多是市民出身，用德語寫作，所歌詠的是日常生活瑣事，接近手工業者和市民群眾的思想，迎合市民階級的興趣愛好，富於消遣性，並在消遣中得到教義。它打破了貴族和騎士詩歌的程式框架，形成了新內容、新風格和新形式。像這樣由手工業工人自編自唱的歌曲很受當時一般民眾的歡迎。

中古世紀晚期的市民文學除了集中在城市的「師傅之歌」，尚有遍及各城市及鄉鎮的民歌（Volkslied）和民間故事書（Volksbücher），成爲受人歡迎的民間文學。民歌之作者皆佚名，它脫胎於用拉丁語寫的宗教歌曲，後來再加進新的素材，比如歌詠大自然四季的變化、山川景物、愛情的歡樂與煩惱、悲歡離合等，另也取材德國的傳說。德國民間故事中眞正有價值，且取材於本國的民間故事，又具有代表性的有下列三部：

1.《梯爾．歐倫斯皮格》（Till Eulenspiegel）：

有關歐倫斯皮格的記載不多，據考證他可能在離布朗斯威格十九公里的一個克耐特林根（Kneitlingen）小鎭出生，一三五〇年逝於莫倫（Mölln）。全書敘述九十五個故事，記述喜愛惡作劇，四處流浪的歐倫斯皮格如何到城市去謀生，以他的聰明才智如何嘲笑、捉弄、欺騙那些惡形惡狀、自以爲是的封建領主、教會教士、淪爲強盜的騎士、醫生、麵包師、裁縫師等各行各業的人，特別是城市的手工業行會師傅。作者巧妙地通過歐倫斯皮格以流浪漢的身分到處爲人打工，使他與當時社會各階層接觸，讓諷刺面擴大，以揭露封建社會後期人間的不平等和社會陋習。這些故事讀來令人興味盎然，看梯爾如何出絕招懲罰那些不講理、又霸道的人，不覺得莞爾。在臺灣的德文系之課程，也將梯爾的短篇故事列入閱讀的文章。

---

①也譯成工匠之歌，見德語文學詞典，上海辭書出版社，一九九一年，第18頁。

2.《約翰・浮士德博士的故事》（Historia von Dr. Johann Fausten）：

本書主角浮士德，實有其人，眞名約翰那斯・葛奧格・浮士德（Johannes Georg Faust，約一四八〇～一五四〇），曾在大學城，如海德堡、威騰堡（Wittenberg）、艾福特和英溝城（Ingolstadt）待過，精通當時的時髦科學：醫術、冶金、天文和占卜。他在生時，即已流傳著許多諸如他掌握魔術，與魔鬼交往，能召喚死神。後來浮士德突然去世，人們都傳說他是被魔鬼召去了。「浮士德」的角色深爲德國作家喜愛，常被引用爲故事中的主角，寫得最膾炙人口，廣受世人歡迎喜愛的是歌德的《浮士德》。

浮士德劇照（圖片來源：IDJ 圖庫）

3.《喜爾德的市民們》（Die Schildbürger）：

由三十六篇相對獨立的滑稽故事組成，係根據一五九七年在斯特拉斯堡出版的民間故事《拉勒書》（Das Lalebuch）加工而成。描述居住在薩克森虛構的喜爾德市之市民的愚蠢行爲。書中最著名的故事有三個，也是德文系學生都會閱讀到的短篇故事。第一個故事敘述喜爾德市民將食鹽當作植物播種在田裡；第二個故事敘述他們蓋好了一個市政廳，造好了之後，才發現忘了為大廳設計窗戶，廳內因沒窗戶而漆黑一片，於是自作聰明的市民們想出了拿水桶出外捕捉陽光，再將陽光用水桶運入屋內，他們越認眞地搬運陽光也就越顯得可笑。第三個故事敘述有一次需要搬運樹木下山，他們用手扛著下山，偶然有一個人不小心將樹木滾入山下，眾人見狀方知搬運如此容易，遂將已搬下山的樹木重新又搬到山上去，將其一一滾落下山。自作聰明的市民經常做出許多蠢事，因為他們違反了客觀規律，所以他們的努力都徒勞無益。但他們種種可笑的行為卻讓人覺得十分可愛，並不叫人討厭，因為他們面對困難時，同心協力、個個動腦筋出主意、團結友愛、互相幫助、共渡難關。這些故事之所以引人入勝，是由於喜爾德市民在做這種蠢事時，那種嚴肅認眞的態度，造成了故事的喜劇效果。

「民間戲劇」（Volksschauspiel）演出聖經救世主及基督受難劇。雖然後來被民眾演成了粗糙、滑稽可笑的世俗劇，但民間戲劇仍然保有宗教的思想，沒有偏離聖經故事或傳奇。「狂歡節戲劇」（Fastnachtspiel）是為慶祝宗教節日而演出，但內容卻是世俗的，它充滿了笑話，成為後來德國喜劇的開端，狂歡節戲劇於大齋戒期前夜演出。

十六世紀最重要的作家是漢斯・薩克斯（Hans Sachs，一四九四～一五七六），這位生、卒於紐倫堡的鞋匠在生時曾譽滿全德，但在世界文學史上並沒有舉足輕重的地位，更不能與同時代的莎士比亞和塞萬提斯[2]相提並論。他本人雖爲皮鞋工人，但聰明、勤奮、好學，十五歲時到南德各城與荷蘭遊歷二年，後並跟紐倫堡麻布技師學作曲法，這是他日後成爲平民文學作家的重要關鍵。再加上刻苦自修，到他一五七六年去世時，他的作品有工匠歌曲四千二百七十五首、雙韻詩歌一千五百八十五首，悲、喜劇及狂歡節諷刺滑稽劇二百餘部，世俗和宗教詩七十三首，散文對話錄七篇，可謂多產作家。他的作品主要取材於聖經故事、古代神話及英雄傳說、中世紀傳奇、民間故事及其他世界名著，如荷馬、維吉爾的史詩，薄伽丘的《十日談》是他特別喜歡取材的世界名著。

薩克斯的戲劇通俗易懂，反映市民階級的生活與思想，在一定的程度上起了傳播文化和人文主義思想的作用。他的作品雖然常取材於古代或外國，但他擅於將這些外來的題材德國化，用娛樂方式達到教育讀者和觀眾，提高他們的道德水準。他支持宗教改革，寫於一五二三年的長詩《威滕堡的夜鶯》（Die wittenbergisch Nachtigall），用通俗化的手法將馬丁．路德的教義表達出來，讚頌路德及其宗教改革，後因遭到紐倫堡市議會的壓制，被迫轉向創作其他題材。在職工文學[3]之主要表現形式——工匠之歌鼎盛時期，作家輩出；當一名歌手在作詞與音樂方面必須遵守固定規則，有十二位名重一時的大師嚴格執掌音調與作詞之規則，不准創新。但薩克斯力倡創作新曲，依照旋律和內容以新方式完成曲子；他以身作則，創作吻合他理念的工匠歌曲，其貢獻主要在賦予純教育性的工匠歌曲比較高的詩歌藝術。

中古世紀晚期最出色的諷刺作家當屬塞巴斯提安・布蘭特（Sebastian Brant，一四五八～一五二一）莫疑了。他寫於一四九四年的代表作《愚人船》（Das Narrenschiff）可眞令人拍案叫絕，將人類的弱點和錯誤淋漓盡致地寫出來。全書的結構是這樣安排的：一百一十一個愚人有一次與作者同搭一艘船前往愚人鎮，這比喻人生好像航往愚人國的一艘船。船長也是一個愚人，他任憑船隻在大海上漂流，所以永遠也到不了目的地。全書沒有完整的故事情節，船上的愚人分別代表當時社會各階層的每一種人。共一百一十二章，每章諷刺一個愚人，把社會上的各種醜惡現象及人的缺點和錯誤的人格化爲「愚人」。布蘭特把狂妄、貪欲、虛榮、頑固、暴食、欺騙、嫉妒、吝嗇、懶惰、粗魯、好怒、爭吵、放蕩、通姦、不忠及忘恩負義等等的罪惡及愚行皆擬人化，毫不留情地批判得體無完膚，似乎在影射天主教會和教宗的腐敗，堪稱「諷刺文學」的代表作；徹底地抨擊整個封建社會的階級制度和教

② 塞萬提斯（Miguel de Cervantes Saaredra，一五四七～一六一六）西班牙人，其名著《唐吉訶德》（Don Quizote）諷刺騎士生活，同時也是他一生經歷的寫照，有中譯本。

③ 職工文學之意係指十四世紀起到約十六世紀左右，新興自由城市的中產階級工人爲了抵制資本家的重大剝削而自行組織職工行會，這類作品即由這些各行各業的職工們所作，因此也稱平民文學。

會機構。這部用四韻腳寫的長詩，語言通俗、文筆犀利，並引用許多富有教育意義的諺語；此外，幽默的語言，豐富的插圖，受到讀者的歡迎，在布蘭特生時便已再版過六次，直到十七世紀曾再版多次，稍後也被譯成多種歐洲語文。

第三節　哥德式藝術

「哥德式」一詞源自於在「民族大遷徙」時期，日耳曼多個種族之一的哥德人，被指爲只會破壞而不會欣賞古希臘、羅馬文化的野蠻哥德人。在義大利仍然有人指某人沒有文化素養，就稱他爲哥德人。在建築學裡的「哥德式」一詞僅指繼羅馬式建築後的另一種建築風格罷了！

一般都謂哥德式建築於一二〇〇年前發源於法國的西北部，約於一二五〇年傳入德國。但是在德國的一些教堂同時保有羅馬式和哥德式的風格，這是因爲教堂剛建築時，是以羅馬式開始的，後來可能因某種因素而延宕，等到要完成時，剛好哥德式建築風格傳進來，就變成加入哥德式風味的建築物了。在馬爾堡的伊莉莎白教堂（Elisabethkirche in Marburg）

和在特里爾的利伯佛勞恩—巴西利卡（Liebfrauen-Basilika in Trier）便是此類型之建築。

哥德式建築很快地傳入西歐各國，又因各國各民族有其特殊的文化背景及其偏好，就發展成爲各具本國特色的哥德式建築。在德語區裡介於十三和十五世紀建有一些哥德式的大教堂，比如科隆、佛萊堡、斯特拉斯堡、烏姆（Ulm）和雷根斯堡。哥德式建築與羅馬式建築的最大區別即是高聳、纖細、輕巧、不會顯得笨重。因爲其門窗上部及其柱間等都呈尖拱式，故也稱爲「尖拱建築」。哥德式的特徵有四點：(1)尖拱的大量利用；(2)用輕巧的拱架支撐堂頂，沒有厚密的牆壁；(3)建築各部分皆纖細、高聳，讓人覺得虔誠的心上升向著天空呼籲；(4)介於高聳的排柱或圓柱之間的窗戶高大又密布，故教堂內光線充足，和羅馬式著重幽暗正好相反。而彩色玻璃的大量應用亦是其特色之一，上面繪有聖經故事和聖賢史蹟，透過陽光的照射放出奇光異彩更顯得燦爛奪目，讓目不識丁的人一看即能領悟其中的含意，增加信仰的虔誠，所以又稱彩色玻璃繪圖爲「窮人的聖

科隆大教堂係典型的哥德式建築

（圖片來源：IDJ 圖庫）

經」[4]。

哥德式的建築混合了初期的單純與後期的華麗風格。內部的裝飾尤較羅馬式更富麗堂皇，藝術作品件件皆是精品，尤其雕刻更屬上乘。聖母與聖嬰、基督受難、使徒傳教等仍是晚期中古世紀雕刻師最喜愛的題材。高聳的祭壇、唱詩團的座椅或墓碑上的雕刻，均有保存至今的傑作。繪畫也是附屬於建築的，無論在玻璃上、牆壁上、聖壇的器物上，甚至在有插圖的手抄本，或其封面上都是繪畫可以發揮的地方，至今保留相當多的傑作。

④羅漁：西洋中古文化史，文景出版社，臺北，民國六十二年，第401頁。

第六章

人文主義和宗教改革

當中古世紀結束時，隨著社會的變遷、生產力的提高與科學的萌芽，對思想和宗教信仰產生重大地衝擊。主張以「人」爲中心的人文主義和重視個人的宗教改革在歷史上掀起了波瀾壯闊、光輝燦爛的一頁。「地球繞日說」打破了宗教界直到目前極端霸道的教條主義，對宇宙的認識、新地方、新航道的發現拓寬了人們的視野。加以一四五〇年在美因茲的古騰堡（Johannes Gutenberg，一三九七／一四〇〇～一四六八）發明了新的印刷術，使新思想、新觀念迅速地傳遍每一個角落，這一項偉大的發明不僅在當時起著推波助瀾的作用，而且也一直延續到目前二十一世紀我們的生活中。

第一節　日耳曼的人文主義運動

人文主義的思想源自義大利，並於十四至十六世紀遍及整個歐洲。中古世紀在社會、政治、經濟和科學方面的事情都是以「宗教」爲依據，由宗教主導一切，現在則要脫離教會勢力，這可由義大利的道明會士湯瑪士・馮・阿奎那（Thomas von Aquinas，一二二五／一二二六～一二七四）的基本理論：即「個人知識的自主性」看出端倪。human 這個字的原義是「人的」、「人道的」，人文主義的主旨是使具有人的屬性；使合於人道要求；換言之，即以「人」爲中心的，從這個觀點出發，就可以重新來看「人」在世界上的地位。

人文主義的本質是文學性的，那就是說人們既然有了對「人」的認知，那麼就專心地、同情地去研究人類本身的事，這與中古時代專門研究「神學」迴然不同。因爲人們堅決地相信拉丁與希臘的古代文明是純屬於人類的，研究古典語言和文學的這種新文化，吸收它的思想與精神，從而表達自己對人生和現世的看法。這種以提倡健全之自由思想爲主旨的活動是與古希臘、羅馬的文化分不開的，由此人文主義被視爲古典時期之再生，在藝術領域裡，它有一個專有名詞——文藝復興（Renaissance）。文藝復興於十三世紀末起源於義大利，以詩人兼文學家但丁（Dante Alighieri，一二六五～一三二一）、佩脫拉克（Francesco Petrarca，一三〇四～一三七四）及薄伽丘（Giovanni Boccaccio，一三一三～一三七五）爲先驅；其後更由義大利傳入德、法、英、荷諸國，致引起宗教改革。

人文主義最傑出的古典學者是艾拉斯慕斯・馮・鹿特丹（Erasmus von Rotterdam，一四六六？一四六七？一四六九～一五三六），他是荷蘭的神學家及人文主義者。一五〇〇年出版了意義深遠的《諺語集》（Adagia）、一五一一年著名的諷刺作品《愚拙頌》（Encomion Moriae，德文譯名爲 Lob der Torheit），嘲笑譏諷經院哲學的守舊、頑固不化與妄自尊大、得意洋洋世俗化的教會。一五一六年出版了一本希臘文版本的新約全書，此書爲路德日後翻譯聖經的藍本。艾氏本人與其著作具有大部分人文主義與文藝復興的主要特質。

除了艾拉斯慕斯外，德國深具代表意義的人文主義學者有：

1. 康拉德・塞爾蒂斯（Conrad Celtis，一四五九～一五〇八）：

他是位博學多聞的學者，一四八六年發表的著作《詩歌表達之藝術》（Ars versificandi et carminum）是第一部德國人文主義的詩學作品。一四八七年被封為桂冠詩人。一四九七年在維也納大學開一個「詩學和修辭學」講座，並負責領導維也納宮廷的戲劇演出，改革教學計畫。一五〇〇年出版塔西吐斯的《日耳曼誌》和他再度發現的一些被湮滅已久的作品，其中比如出版女詩人羅茲威特・馮・甘德斯海姆（Hrotsvit von Gandersheim）的作品，仿古羅馬詩人奧維德（Publius Ovidius Naso，西元前四三至西元一七或一八年）寫了《四集愛情書箋》（Quatuor libri amorum），並寫了一些賦（頌歌）、警句和華麗的節日應景戲劇。塞爾蒂斯深受馬西米里安皇帝所器重信任，奉命在不同的地方推廣人文主義。

2. 威利巴德・皮克海梅爾（Willibald Pirkheimer，一四七〇～一五三〇）：

於一四九六～一五〇一和一五〇六～一五二三曾任紐倫堡議員，以拉丁文翻譯古希臘、羅馬作家之作品並將之出版。

3. 約翰・羅伊希林（Johann Reuchlin，一四五五～一五二二）：

於一五〇六年出版第一本《希伯來文的文法書》（De rudimentis hebraicis libritres），

成爲希伯來語文研究之奠基者與舊約聖經學者。羅伊希林在當時一致反對猶太人和抵制猶太書籍的事件中，極力維護猶太人的權利。一四九七年所寫的喜劇《罕諾》（Henno）描寫一個聰明的僕人如何戲弄他的主人，用幽默的手法點出人性的弱點，此劇成爲十六世紀拉丁文學校戲劇的範本。

4. 烏利希・馮・胡滕（Ulrich von Hutten，一四八八～一五二三）：

他是個多才多藝的人文主義者，一五一三～一五一八年在美因茲選帝侯阿爾布雷希特二世宮廷任職。一五一五～一五一七年在羅馬停留時，目睹教士的橫行不法和荒淫無恥，下決心反對教皇；回國後，出版多部反對羅馬教廷的文宣作品，一五一七年馬西米里安皇帝頒予「桂冠詩人」稱號。從一五一九年起他即支持馬丁・路德的宗教改革。胡滕反對德國教會依附於羅馬教皇，反對德國的分離主義，他的人文主義思想富於德意志民族感情。胡滕是中世紀著名的諷刺著作《蒙昧主義者書簡》（Dunkelmännerbrief）的作者之一，這部書分上、下兩部，共有三個作者，除胡滕外，另兩個是羅伊希林和克羅吐斯・魯比安奴斯（Crotus Rubianus，一四八〇～一五四五）。該書全部採用書信體形式，僞託一些不學無術的經院哲學家和教士寫信給科隆一位實有其人的神學教授，報告他們在各地的見聞，指控人文主義者褻瀆上帝和鄙視經院哲學。信上故意把拉丁文寫得似通非通，以此揭露和嘲諷經院哲學家們愚昧無知、因循守舊和虛僞的「博學」，抨擊他們對一切進步力量和自由思想的仇視。第二部由胡滕執筆，集中批判教會的腐敗，揭露經院哲學家和天主教教士的墮落，給教會以沉重地打擊。一五二一年，胡滕用德文寫了批判教會弊端的諷刺性《對話集》（Gesprächsbüchlein），使他名噪一時，成爲當時和路德有同等聲望的人。

5. 菲立普．梅南希通（Philipp Melanchtthon 一四九七～一五六〇）：

於一五一八年任威騰堡大學希臘文教授，一五一九年起也在神學院講課。起先德國的人文主義者對路德的宗教改革並不瞭解，直到梅南希通大力支持他，路德的理念方爲人所瞭解。路德發動宗教改革後，梅南希通出版文宣作品，積極支持。一五二一年寫成《神學概論》（Loci），對路德神學觀點作了精闢的闡述，成爲路德學說的代言人。一五三〇年寫有《奧格斯堡信綱》（Augsburger Bekenntnis），一五三一年著《奧格斯堡辯護詞》（Apologie der Augustana）和一五三七年的《論教宗的權力》（Tractatus de potestate papae），這三部著作成爲基本信仰的教義。他的著作中之論證皆是捍衛馬丁．路德的宗教學說，反對天主教的攻擊。他知識淵博，精通古典語言和中世紀經院哲學，爲路德翻譯聖經的得力助手。一生執教四十餘年，致力於人文主義的教育事業。

第二節　路德的宗教改革與當時的文化生活

十六世紀的哈布斯堡王朝執政時期，德國發生了宗教改革和農民戰爭兩件大事，後者是前者的持續事件，農民戰爭雖失敗了，但宗教改革及其衍生的事件卻在德國掀起了巨大的漣漪，且意義深遠。首先探討宗教改革的背景：

一、宗教方面

1. 神職人員私德敗壞：

如教皇亞歷山大六世（Alexander VI.，一四九二～一五三〇年在位）曾生有私生子女十位，而時人對此不感驚異，甚至許多皇室爭相與之聯姻；培養神職人員的修道院過少，教士陶冶不夠，因而素質頗差。

2. 教宗聲譽低落：

中世紀教廷的巴比倫七十年流亡（一三〇五～一三七六）幾乎淪爲法國王室的傀儡；西方基督教歷時三十九年的大分裂（一三七七～一四一七），使西歐各國分爲兩派，各擁護自己的教宗，時而兩位，甚至三位，對立教宗相互開除教籍，詬罵不休。

二、政治方面

因德國的四分五裂，德國的皇權無力反抗教皇、教會的經濟勒索；教會積極支持諸侯反對皇帝，阻撓德國的統一；教皇與德國皇帝歷時不休的爭執，德國皇帝常三令五申，不讓教宗在其國授職或徵稅。

三、經濟方面

封建時期，皇帝如奧圖一世、二世、海英利希二世皆分封教會高級教士爲諸侯，以與跋扈蠻橫的貴族對抗。教會非常富有之外，尚有權要農民將勞動收穫的十分之一，即什一稅上繳教會。此外，教會還巧立名目不一的苛捐雜稅，如爲平定義大利教宗領土的暴亂，攻打土耳其異教徒等等。

四、思想方面

天主教教會是封建統治的思想支柱，是精神上的領袖。教會利用人們對宗教的虔誠信仰進行無恥地欺騙，最具體的方式便是要信徒購買贖罪券，上帝便會赦免罪過。教會控制人民的思想，不准對聖經的教義提出質疑。

馬丁・路德（Martin Luther，一四八三至一五四六）生於薩克森選侯區的艾斯雷本

馬丁・路德（圖片來源：IDJ 圖庫）

（Eisleben），即今德國東部地區，距萊比錫西北六十五公里處；兄妹六人，父爲礦工，時常酗酒，對子女管教甚嚴。路德自幼聰慧，上進力強，於一五〇一年遵照父母的意願就讀艾福特（Erfurt）大學的法律和哲學系，接受人文主義思想。於一五〇七年的七月十七日不顧父親的反對，毅然進入艾福特的聖奧古斯丁修道院（Augustiner-Eremitenkloster）。原因是在一五〇七年的七月二日獲得法律碩士學位後，返家探望父母，在返校途中，歷經一場雷電交加的暴風雨，一道閃電劃過他的身旁，驚懼之下，他向聖母之母——礦工的守護神聖安娜（St. Anna）許願，如平安脫險，將終生爲修道士。一五〇七年底路德晉陞司鐸，一五一〇年至一五一一年因會務而去羅馬，目睹教廷之奢華，深受刺激。一五一二年獲威騰堡大學神學博士學位，並任該校神學教授，他的教授法與佈道極受學生的歡迎。他的膽量也極大，公開將自己的意見說出來。同時，他對靈魂獲得拯救的問題也極爲關切。就在此時，路德的心靈開始悲觀起來，無數的神學問題困擾著他，如「人類將能得救與否？」對「審判」、「罪」等，深感恐懼。漸漸地，路德開始考慮人們是否能做任何事情來取悅上帝，他對於這個問題的答案是「不可能」。路德認為人類唯一的希望，只有每個人用單純而誠篤的信心來信仰上帝的仁慈。

宗教改革的遠因諸多因素醞釀已久，其近因則是教宗為重建聖彼得教堂之龐大經費而募款，便動腦筋出售「贖罪券」，其荒誕不稽之行徑引起路德的發難，成為宗教改革最直接的導火線。它的事情經過是這樣的：教廷為加速完竣聖彼得大殿工程，濫發贖罪券。一五一五年，德國負責推銷贖罪券的是布蘭登堡總督（Markgraf von Brandenburg）的阿爾布雷希特二世（Albrecht II.，一四九〇～一五四五年），他於一五一四年當美因茲總主教，為德國七位選帝侯之一，一五一八年榮任樞機，他為獲得此高級教職時，曾向教廷捐款，其款是向德國名銀行家奧格斯堡的傅格家族（Fugger von Augsburg）借貸的，後得教宗利奧十世同意，將出售贖罪券的收入為己還債。阿爾布雷希特委任道明會士，一位教會官吏泰哲爾（J. Tetzel，一四五六～一五一九）為贖罪券佈道師。泰哲爾為引起聽眾熱心購買，不免有時誇大其詞，即贖罪券不僅可贖本人之罪，兼亦可贖其死去家屬之罪，揚言只要購買者把錢投入錢箱，其過世親友之靈魂便立刻由煉獄中超度升天，於是捐輸者異常踴躍。一五一七年十月他來到與威騰堡相鄰之某城，其行列極盡鋪張之能事，人民夾道相迎，爭購贖罪券。路德目睹此怪現象，感慨地說：「假如上帝體會你們推銷贖罪券的這副嘴臉，祂寧可讓聖彼得大殿倒塌，也不會用其信徒的血汗錢去建築它。」

路德親歷這場乖謬的贖罪券鬧劇，加之他對羅馬教廷的失望與他對教義的不同觀點，終於使他在一五一七年十月三十一日於威騰堡大學教堂正門上，張貼九十五條對贖罪券買賣的論題，在全國引起巨大地迴響，揭開宗教改革的序幕。而路德也從此時（即一五一七年）開始，不再用拉丁文寫作，改用德語書寫。他在這些論文中，不特批評，而且大力攻擊「赦罪說」之荒謬以及教宗的其他權力，並且聲稱願意與任何來者相辯論。茲將路德主要思想與天主教之教義對照如下：

路德宣告一條個人通向上帝的路徑；根據他的教義，信仰不需要教士們來充當傳統的中間人，還進而否認任何教宗或教會有解釋基督聖訓的權力，他的主張與威克里夫（John Wyclif，一三二〇～一三八四）和胡斯（Johann Hus，約一三七〇?～一四一五）如出一轍。路德堅決地說，任何人都可以按照他私自所讀的聖經，調整他的生活。他的這些論證公然反教，擺明了與舊教分道揚鑣。

	天主教教義	路德思想
1	人經由信仰獲得恩寵方式（這即是做聖禮、購買贖罪券和行善事）得到神的寬宥。	光憑信仰即可得到神的恩寵，根本沒有所謂的獲寬宥之方式。
2	教宗和教士從神那兒獲得全權、管理和分配這獲恩寵的方式。	並沒有特別的教宗或教士階級具有全權、管理和分配獲恩寵的方式。
3	教宗們和大公會議教導大眾「信仰的根源」是聖經和傳統。	教宗們和大公會議都有可能犯錯，聖經是唯一信仰的根源。

當年十二月，美因茲總主教阿爾布雷希特將此案上呈教廷，一五一八年受奧格斯堡教會的審訊。一五一九年在萊比錫與天主教神學家艾克（Johannes Eck，一四八六～一五三四）展開神學辯論，後來，艾克揚言要控告路德。一五二〇年教宗以〈主！請起〉（Exsurge Domine）詔書指證路德九十五條論題中四十一條爲謬誤，限他六十天內悔過自新，否則將懲以開除教籍。路德致友人書曰：「我已痛下決心，無論教宗開除我的教籍，或懷柔我，我全不在乎。」一五二〇年發表四份重要文告〈從教宗制度到羅馬〉、〈致德意志民族基督教貴族書〉、〈論教會的巴比倫囚禁〉和〈論基督教徒的自由〉揭櫫其革教構想大綱，在德意志人渴望有一個經過革新、不依附於羅馬的教會之宗教時，路德成了他們的代言人。

路德決定和教廷攤牌。於一五二〇年底，在威騰堡大學全體師生面前，焚燒教宗詔書〈主！請起〉，聖湯瑪士（St. Thomas）的《神學綱要》和《教會法典》，以示絕不與羅馬妥協的決心。教宗看他毫無挽救的餘地之後，於一五二一年把他開除教籍。教宗授意德國皇帝卡爾五世以慣例繩之於法。但路德有薩克森選帝侯智者佛利德利希三世（Friedrich III., der Weise，西元一四八六～一五二五年在位）的庇護，皇帝對他暫時也莫可奈何，於是卡爾五世召他出席渥姆斯帝國會議，仍希望他放棄己見，千萬不要在帝國中製造分裂。路德與會後，認眞考慮了一天後，次日，於四月十八日他當著德皇及全德諸侯面前，嚴肅而隆重地聲明：「除非由聖經提出證據和明顯的理論證明了我的錯誤，使我折服，或是（因爲我不信任教宗，也不信任大公會議的權威，因爲他們常犯錯誤，甚或自相矛盾的）我所舉的各種明顯理由被證明是背離了聖經，我的良心已爲上帝的聖言（聖經）所折服，我不能，也不願取消任何聲明，因爲反對良心，我認爲不妥，也不相宜。因此，我堅定我的主張，我別無選擇的餘地，望上帝保佑我，阿們！」史家以此日爲新教誕生日，但也有以張貼九十五條論題反駁贖罪券之日（一五一七年十月三十一日）爲新教誕生之日的主張。

路德的叛教，倡導「人人在上帝前一律平等」之說，自然影響社會秩序至鉅，喚起了人民進行社會改革的觀念。首先一五二二年發生了由西金根（Franz von Sickingen，一四八一～一五二三）領導的「騎士起義」（Aufstand der Reichsritter，一五二二／一五二三），低級貴族反抗高級貴族，其支持者爲人文主義者胡滕，以路德「福音」之名爲爭平等、自由而戰，不久爲高級貴族（王侯們）敉平，西金根起義失敗後，胡滕亡命瑞士而逝世於此。但令王公貴族大驚失色，深深影響德國社會則爲「農民革命」（Bauernkrieg，一五二四／一五二五），日耳曼農民叛亂之目的在直接反抗貪婪無厭的封建領主——教界與俗界的對封建稅之增加。地主提高了訴訟費、勞役和利息，使許多農民無法負擔。農民們除了主張各教區教徒有權自選教士外，主要是要求准許狩獵、打漁、砍柴，取消不合理的地租以及廢除農奴制度。初由鄉村農奴，後有城市小民也起而響應。農民以福音的名義要求平等，他們理直氣壯地引路德的話說：「因爲基督已將我們救贖，我們已獲釋放，我們是自由人了，農奴制度必須剷除！」他們提出十二項條款（Zwölf Artikel），謂封建領主向他們所徵收之稅，實非聖經所准許的，他們既與其領主同爲基督徒，則他們實無被人視作農奴之理由，應該廢除階級區別。路德是礦工之子，他起初同情農民，加以勸告，但農民不聽，路德極力維護和平，但由於絕大多數諸侯拒絕和農民談判，戰爭還是爆發了。農民到處搶奪貴族城堡，洗劫富有的修道院。起義很快從施瓦本經過亞爾薩斯、阿爾卑斯山地區、法蘭肯和圖林根一直蔓延到哈茨山脈。農民們組成「基督聯盟」，以便用武力實現他們的要求，並強迫地主滿足他們的願望。農民領袖閔采爾（T. Müntzer，約一四九〇～一五二五）引用路德翻譯成日耳曼文聖經作爲他們的叛變理論根據，使路德震驚不已。路德看到農民的燒殺劫掠，痛心不已，他明瞭再這樣下去，將對他不利。於是他一面倒地投向貴族，著〈反對暴動的農民〉，鼓勵執政者向農民攻伐、殺戮、殘害。農民叛亂漫無組織，缺乏有效的軍事力量，終於被擁有武力的既得利益階級殘酷地撲滅了。

隨著路德劃時代的宗教改革引發的事件平息後，日耳曼分裂了，宗教信仰的版圖也重新分配，一部分小國家分立兩方；在北方的從一五二〇～一五三〇年（一五三〇年〈奧格斯堡信條〉具體陳述新教信仰理念，清楚地和天主教劃清界線）左右幾乎所有的王公貴族及其臣民跟隨路德，信仰新教。在南方的，則拒絕路德的教義，仍然信仰天主教。不久，斯堪地那維亞半島的瑞典、丹麥，以及丹麥屬地挪威和冰島，都在國王的正式命令下，以路德教義爲各國的國教。路德不妥協式的叛變成功後，不久在歐洲其他地方也紛紛創立新教，原因是羅馬教會的俗氣和腐化使有志之士每思以改革。瑞士的茲文利（U. Zwingli，一四八四～一五三一）從事一項比較平靜的改革。日內瓦在喀爾文（J. Calvin，一五○九～一五六四）的領導下，則建立了一個新的宗教和政治性的政府。新教運動形成一種信仰，一種生活方式。英國的亨利八世（Henry Ⅷ.，一四九一～一五四七）也另創新的國教。今天在瑞士和德國有超過百分之五十的人信仰新教。

路德前往渥姆斯開會遭受詢問時，當時雖有皇帝保證其生命安全，但前有胡斯之惡例（於出席康士坦茲的全體宗教大會後，被活活焚死），故友人勸其勿前往，路德答曰：「渥姆斯之魔鬼雖多如屋上瓦，吾亦必前往也。」其「破釜沉舟」的勇氣誠然可嘉。會後，卡爾五世遵守其諾言，命路德安全歸去。選帝侯佛利德利希懼其爲人所乘，以劫奪方式暗送路德到選帝侯所屬的瓦特堡（Wartburg）藏匿，後年餘始復出。有關於路德與宗教改革的始末到此可暫告一個段落，接下來就須轉個方向，談一談路德在德國語言、文學史上的不朽功績，這功不可沒的壯舉，即是經由他十三年的翻譯德文本《聖經》，所用的語言就成了德國人民的共同語言，也即經由他的翻譯統一了德國的語言。

那麼馬丁．路德是怎樣著手這一件工作的呢？也許他當初根本也沒有想到他要做統一語言的先鋒。只是靜居在瓦特堡時，他即以翻譯《聖經》爲事，現今通行之德文聖經即此

瓦特堡為馬丁．路德翻譯《聖經》處（圖片來源：賴麗琇攝）

時期路德之翻譯作品。但是路德並非第一位把聖經譯爲德文者，早在古騰堡（Gutenberg）發明活字版印刷後，到路德一五二二年重譯時，德語聖經以不同的德境方言已譯出的計有十七種之多，但那些早期譯本晦澀難讀，不易普及。路德譯本之可貴，不單是他的譯本是由希臘文直接譯出，而且他的譯本比較通俗、詞美、流暢明白，便於誦讀，成爲日耳曼新體語文的標準。路德首先將這部聖經以在圖林根一帶比較統一的公文用語爲基礎，吸收了中東部和中南部方言中的精華，創造了許多新的詞彙。爲了尋找大家能理解和接受的德語詞彙，常與各階層人民接觸，他說在翻譯過程中，經常走遍大街小巷，聽聽玩耍的孩童如何說，到市集上去請教男人們詞彙如何用法，在家中也經常詢問婦人、老嫗，並且字斟句酌地推敲，以期能翻譯得大家都能夠懂，能夠接受。路德通過翻譯聖經和他的一些著作，賦予不少德語詞彙新的釋譯，使不少慣用語和成語爲全國所接受，如「眼中釘」（Dorn im Auge），將外來語引入德語，如 Fieber（發燒）、Laterne（燈籠）、Person（人），在被方言分開的德意志各邦地區規定了一種對所有的德意志人都適用的書面語。

一五二二年路德譯妥新約並出版，一五二三～一五二四年舊約也告完成，文辭典雅，爲近代德語的奠基，如果沒有路德奠定這樣一種統一的書面語，德國的語言勢必分裂成爲各自爲政的雞同鴨講，對德國語文的發展幾乎是不可想像的。對於一個民族的宗教與文學生活貢獻之大，很少能有與路德新、舊約譯本相提並論的。他除在宗教改革方面有一番豐功偉績外，在文學史上也流芳百世。他所寫的宗教讚美詩歌在當時也傳頌一時，總共用德語創作了四十一首宗教歌曲，如被恩格斯（F. Engels，一八二〇～一八九五）美名爲十六世紀《馬賽曲》（Marseillaise）的《我們的上帝是一座堅固的城堡》（Ein'feste Burg ist unser Gott）最爲膾炙人口。

一九二九年獲諾貝爾文學獎的德國作家湯瑪士．曼寫於一九四七年的長篇小說《浮士德博士》（Doktor Faustus），敘述音樂家萊弗屈恩（Leverkühn）唸的大學是在哈勒（Halle），這是一座四處保存著馬丁．路德記憶的城市，曼借敘事者在篇中的一番論述，對馬丁．路德推崇備至，中肯地剖析路德的教會改革結果，推動了德國文化發展的貢獻。

無可置疑，路德的事蹟與其貢獻每每爲德國人感念。在德國舉辦的「誰是對德國最有貢獻的偉人？」年年的榜首皆是路德。直到兩德統一後，方由領導德國在二戰後的重建、並於一九五三年創造出膾炙人口的「經濟奇蹟」的艾德諾總理（Konrad Adenauer，一八七六～一九六七）名列第一，路德始居第二。二〇一七年爲路德在威騰堡張貼九十五條反對贖罪券的論題滿五百週年的紀念。德國現在已緊鑼密鼓地在籌備慶祝事宜。

晚期中古世紀和宗教改革時期的文化生活不再烙下宗教和騎士階級的印記，卻是由一些欣欣向榮的城市裡的市民階級取而代之。經由貿易，特別是和義大利的城邦國家做貿易，比如威尼斯（Venedig）、米蘭（Mailand）、佛羅倫斯（Florenz）和熱內亞（Genua）頻繁地往來，使得南德的城市奧格斯堡、紐倫堡和烏姆富庶起來。從斯特拉斯堡、美因茲和科隆來的商人周遊法國、法蘭德蘭（Flandern，歐洲濱北海之地區）和英國；在北德，由呂北克領導，超過一百多個城市結盟，組成的漢薩（Hanse）同盟，控制整個北海和波羅的海的貿易。這個具商業貿易性質的同盟組織對當時的文化生活也起了一定的作用。

約在一四五〇年古騰堡以活字版印刷術印製的四十二行拉丁文聖經直到今天仍然是「印刷藝術的瑰寶」。「印刷術的發明是世界史最偉大的事情」，法國作家雨果（Viktor Hugo，一八〇二～一八八五）以這個句子描述印刷術對全世界的文化生活無法衡量的偉大貢獻。一五二一年路德把聖經翻譯成德文。這得感謝古騰堡，使這部偉大的翻譯著作廣泛流傳於整個中歐。而這位宗教改革者同時也成爲德文書面語的奠基人。

源自於義大利一種新的哲學和藝術概念不久就廣泛流傳開來，中古世紀的基督教概念不再是他們創作的來源，卻由古希臘和古羅馬取而代之，中心主題不再是「上帝」（神），卻是「人」。那時候義大利的一個學者驕傲地說：「有理性天才的人才是宇宙的中心。」古希臘、羅馬獨立自主和強勢的人，才是哲學和文學的理想。「人文主義」即是以此理念來標示；「和諧」和「簡潔」是那個時候新藝術之目的，這即是「文藝復興」的藝術。馬梯亞斯．格呂內瓦爾德（Matthias Grünewald，一四七五～一五二八）的代表作〈伊森海姆祭壇〉（Isenheimer Altar）以色彩表達出對宗教的心醉神迷和激動，堪稱嘆爲觀止。梯曼．李門斯耐德（Tilman Riemenschneider，一四六〇～一五三一）的雕刻作品散發出中古世紀的精神。阿爾布雷希特．杜勒（Albrecht Dürer，一四七一～一五二八）擁有達文西（Leonardo da Vinci，一四五二～一五一九）最偉大的學生之美名。他的創作融合了中古世紀德國的傳統和義大利文藝復興的精華。他的木雕和銅版畫是晚期哥德藝術登峰造極的傑作。取材自聖經啓示錄的十六幅連環木刻畫〈四騎士〉（Vier Apostel）融合德國—荷蘭的風格和南方的簡潔形式。

但並不是只有藝術和文學在義大利、法國、英國、荷蘭和德國城市開枝散葉；慢慢地，在那邊也發展出一個全新的文化支脈，對於將來更具意義，這即是近代的科學和技術。紐倫堡製作的鐘錶和精密的測量儀器曾令當代的人發出讚嘆之聲。一五四三年也在紐倫堡出現了一本科學界最偉大的著作之一《天體運行論》（Von den Umdrehungen der Himmelskreise），作者是尼可勞斯・柯普尼庫斯（Nikolaus Kopernikus，一四七三～一五四三）[①]中古世紀時，人們一直相信，地球是宇宙的中心。柯普尼庫斯大約在一五〇九年已提出不同的理論，即地球只不過是宇宙中眾多行星當中的一顆，也是圍繞著太陽運行的。柯氏在世時不敢公開發表他的學說，因爲當時托勒密（Claudius Ptolemäus = Ptolemy，約一〇〇～一六〇）的理論是大地爲宇宙的中心，而日、月與諸星皆繞地而行；托氏的理論早已根深蒂固，不僅在當時爲一般人所接受，而且幾乎被視爲神聖，連羅馬教廷也深信不疑並欽定此學說。幾千年以來對於世界和宇宙的看法，在科學家們如同賽跑的接力賽，約翰那斯・凱普勒（Johannes Kepler，一五七一～一六三〇）、伽利略（Galileo Galilei，一五六四～一六四二）、牛頓（Isaac Newton，一六四三～一七二七），終於到了普朗克（Max Planck，一八五八～一九四七）[②]的「量子理論」（Quantentheorie）及愛因斯坦（Albert Einstein，一八七九～一九五五）[③]的「相對論」（Relativitätstheorie），才爲人類解開這爭論已久的世紀之謎。

西班牙人、葡萄牙人、稍後跟進的英國人、荷蘭人和法國人的大發現之旅，如果沒有正確的測量儀器和新的天文知識的話，是不可能完成這種探險的。歐洲人注意到遠方的地區、南、北美洲、南非洲、東亞洲和澳大利亞洲；歐洲民族的文化散布到全世界，同時他們也致力於權力和統治的經營。宗教改革、人文主義、文藝復興和大發現將世界史帶入一個新紀元。

第三節　反宗教改革與信仰戰爭

卡爾五世統治時（見第32頁及118頁），中古世紀「政教合一」的模式是他最大的目標，他的權勢雖然很大，但是並無法與德國新教貴族、法國國王、義大利城市、土耳其人，甚至教宗相抗衡。一五五二年，日耳曼的王公諸侯密謀與他的死敵法國結盟與他決戰。一五五五年，又與新教徒交戰後，簽訂「奧格斯堡宗教和平條約」（Augsburger Religions-

---

①中文通常譯爲哥白尼。

②普朗克於一九一八年獲諾貝爾物理獎。

③愛因斯坦於一九二一年獲諾貝爾物理獎。二〇一六年二月科學界的一個革命性的發現，即是他們第一次成功地將一百年前愛氏已預言的萬有引力（地心引力）波直接測量出來了，並證實之。

frieden），最重要的條款比如爲新教在德境以內與天主教享同等權利，爲一合法宗教。德境各諸侯和帝國直轄城市有自由選擇宗教信仰之權，諸侯有爲其臣民決定信奉宗教之權，根據這一原則，諸侯的臣民們必須信奉統治者選擇的信仰，臣民們如果反對這一抉擇，就只好遷居他處。

但是一五五五年的和平並沒有完全解決政治和宗教的衝突。天主教會本身也努力進行一種改革，所以特林特（Trient）宗教大會於一五四五～一五六三年分三期舉行。天主教會致力要改革的三個主要課題，一是要設法爲新教反對的「教義」辯護，二是要整頓腐化的教會，三是爭取新教徒再改信天主教。改革的起因是爲阻擋新教的攻勢，因此歷史學家稱爲「天主教改革運動」或「反宗教改革」（Gegenreformation）。巴伐利亞的公爵們在他們的領土大肆推動改革，由於他們強烈地干預，也使得科隆的大主教區又改信天主教。這一舉動對在德國南部和萊茵河地區的古老宗教信仰產生了決定性的影響，這一些地區直到今天仍有大部分的人信仰天主教，在德國的天主教越推動信仰天主教，緊張的氣氛就越升高。

一六一八年，哈布斯堡王朝的帝國決定由費迪南二世（Ferdinand II.，一六一九～一六三七年在位，費迪南二世是費迪南一世之孫）繼任波門（Böhmen）國王。由於費迪南二世信奉天主教，而波門是信奉新教，所以布拉格議會認爲這是侵犯新教的宗教信仰自由，拒絕承認費迪南爲波門國王。當皇帝派人就信仰問題與之協商時，這些憤怒的議員爲了表示抗議，將費迪南的兩位特使從布拉格堡（Prager Burg）議會小廳的窗戶丟出去。同時布拉格議會選舉佛利德利希五世（Friedrich V.）兼任波門國王，並出兵攻打帝國皇帝，於是開啓了三十年戰爭（見第二章「德國簡史」第33頁）。

三十年戰爭以後，德國地圖重新被劃定，一些小邦國紛紛獨立，如普魯士、薩克森、黑森、烏滕堡、巴登和巴伐利亞，這些小邦國今天又再有自己的政府和議會、自己的文化生活，其傳統遠遠地可追溯到過去的歷史。

第七章

巴洛克文化

十七世紀時的政治由兩股特別強大的勢力支配著：專制主義的國家和再度強盛的極權教會。而教會和王公貴族的府邸同時擔任著一種正在轉變的文化之代言人，這種文化即是獨領風騷將近兩個世紀之久的巴洛克文化。簡潔、缺少修飾的文藝復興風格已不能再呈現出那股新的威勢及體面的排場氣氛。雖然仍可清楚地辨識出其基本形式，但是文藝復興的靜態感和明朗的風格已被巴洛克的動態感和華麗的風格取代了。

巴洛克的發源地仍是義大利，羅馬是反宗教改革的大本營。在義大利的大畫家、雕刻家和建築師米開朗基羅（Michelangelo，一四七五～一五六四）已趨向此新藝術了，而雕刻家貝里尼（G. L. Bernini，一五九八～一六八〇）將它發展到巔峰。

第一節　矯飾的文化——巴洛克風格

巴洛克是十六至十八世紀遍及歐洲的一種藝術風格，從一五五〇年到一七七〇年，大約歷經兩個世紀之久。「巴洛克」（Barock）這個字是從葡萄牙文的 baroca 演變而來的，它的原意指的是不規則的一種珍珠，由其字源引申指的是「異乎尋常，不合常規」之意。在歐洲，它是宗教改革和反宗教改革之後的產物，就德國來說，是在三十年戰爭（一六一八～一六四八年）前後發展起來的。

它的產生有宗教原因，也有社會思想原因。約莫十六世紀左右，人們一直虔誠地信奉宗教，認爲人的一生必會受苦受難，一切幸福只有寄託於來世。之後，經過文藝復興，自然科學大大地發展起來，人們的宗教觀也有改變，追求的是眼前當下、現在的享受，不再相信所謂來世的幸福。任何時代精神都會有對立面，產生思想衝突。巴洛克就處在來世幸福與今世幸福之間，但又要同時擁有兩種幸福。這是同義大利人文主義者既承認、肯定宗教，又否定、諷刺宗教的矛盾思想如出一轍。在搖擺不定中，只得接受兩種思想，將之折衷調和。從社會思想來說，它是代表中世紀末期新的自然科學之宇宙觀與宗教思想之間的妥協。隨著歐洲在十七世紀各領域的進步，自然科學也得到發展，宗教思想謀求與自然科學妥協。妥協的結果，在新的自然科學世界觀中也滲透著宗教思想，造成宗教思想與人文主義，自然科學與唯心主義也混合在一起。於是巴洛克風格就具有所謂混合與矯飾的特點。

三十年戰爭之後，在法國影響下，德國的社會、政治和文化都發生了變化。法國的專制君主主義在政治上影響了德國霍亨佐倫王朝的大選侯佛利德利希．威廉及其子佛利德利希一世（見第二章「德國簡史」第34頁）。巴洛克由法國傳到德國，在德國約於一六八〇年達到巔峰。巴洛克時代人們的生活方式與往昔不同。以前受各種條件的限制，不太講究享受，而巴洛克時代從宮廷開始講究奢華鋪張、追求摩登、虛飾成爲巴洛克的生活風尚。而生活的奢侈和過分地豪華顯示出巴洛克時代的弊端，但也是對中世紀早期似苦行僧生活的反抗，要求活在當下，認爲世上一切事、物或人生只不過是一種「短暫性」，要求得及時行樂的現世享受。巴洛克風格不僅落實於生活中，其影響波及文學、哲學、音樂與建築等領域。

第二節　巴洛克文學、哲學

在介紹巴洛克的文學之前，應該簡單說明一下，爲何十七世紀初在德國許多地方成立了「語言學會」組織。眾所周知，「語言」和「文學」是一體兩面的，猶如人的手掌，手心與手背是不能分離的。而德國的語言，包括發音、方言、書寫、詞義及用法等等在歷史上一直不統一，雖然直到路德的《聖經》譯本出版，方爲統一德國的語言提供了規範和基礎；但由於國家長期的分裂，交通又落後，缺乏一個可資爲全國政治、文化、經濟中心的根據地，德國語言長久以來仍處於不統一的狀態，加上那一場主戰場在德國的三十年戰爭，語言不統一的現象更加嚴重。所以當時一些有民族意識的文人學士便發出組織語言學會來維護民族語言的純潔性。

十七世紀德國文學在詩歌方面的成就相當輝煌。當時廣受矚目的詩歌理論家奧皮茨（M. Opitz，一五九七～一六三九）於一六二四年寫就的、篇幅不過五十頁的小冊子《德國詩論》（Buch von der deutschen Poeterei）裡闡揚詩藝是修飾完善的表達方式，德國詩歌語言應當排除外來詞、方言、土語和粗俗字詞，提倡語言的純潔性；倡導十四行詩和亞歷山大體[①]，提出德國詩歌應該不斷地交替使用揚音節和抑音節，代替古希臘、羅馬和拉丁詩歌中長音節和短音節的交替使用，並提出揚音節應當與該字的重音吻合一致。奧皮茨這本詳細論述詩歌理論的小冊子，不但對當代巴洛克詩人有深遠地影響，還一直影響到二十世紀德國的詩歌創作。雖然它一方面對德語詩歌格律有一致的規範性，在發展上有重大的作用，但另一方面因太過於注重詩歌形式和文字矯飾，比如他主張詩歌的語言要典雅超俗，用高雅的詞彙和比喻拐彎抹角地描寫，比如詩中不能用「喝水」，應該說「胃要洗澡」，不用「當清晨旭日東昇時」，而要說「當泰坦巨神在清晨用它的輝煌耀目的火焰覆蓋著大地時」，這種詞藻堆積過於華麗繁瑣，反而讓詩作失去其眞實純樸性，而這一點也正好反映巴洛克的特色。

---

①亞歷山大體（Alexandrinervers）興盛於十七世紀的有六個韻腳、用揚音節押韻的十二或十三音節的詩。奧皮茨提倡用押重音和不押重音的音節呈現規則形的變化。

可將德國的巴洛克詩人與當時享譽歐洲文壇、代表西班牙巴洛克文學的卡爾德隆（P. Calderon de la Barca，一六〇〇～一六八一）相提並論的，那非葛呂菲烏斯（A. Gryphius，一六一六～一六六四）莫屬了。他寫有許多愛情詩、婚禮十四行詩、節日十四行詩、葬禮合唱詩及箴言詩，其中許多詩歌被譜成曲，世代傳唱不輟。我們可在他的抒情詩裡看到巴洛克文學全部的主題，特別是有關「短暫性」的主題。他最喜歡使用的詩歌形式即是十四行詩。底下則是一則他的十四行詩，字裡行間反映出他深刻地體會塵世生活的痛苦和倏忽性。

你所看過去的，只見到地球上的虛榮。
今日此人所建的，明天將被另一人所毀。
今天城市的所在地將成爲一片草原，
草原上一牧童將與羊群嬉戲。

如今華麗地怒放著，不久將遭踐踏；
今天如此矜持自負，明天就成爲灰塵與白骨。
沒有任何永恆的事物，不是礦物也不是大理石。
眼前幸福朝著我們笑，不久苦難之聲如雷響。

崇高的事業之榮譽像夢一樣消逝。
無憂無慮的人是否應該踏在時間的轉盤上？
啊！所說的這一切，我們都視之爲可貴，

如同無謂的虛妄，如同陰影、灰塵與風。
如同一朵人們不會再發現的草原之花。
什麼是永恆，沒有幾個人願意注視啊！②

葛呂菲烏斯寫的劇作遠比詩更爲深刻，他的悲劇——如典型的巴洛克戲劇，沒有指出人內心的問題，卻是強調當人面臨苦難、折磨時，堅守道德觀點。他認爲悲劇人物之所以偉大，是在當他遇到一件極棘手又緊迫的事件時，以一種源自內心的決定來面對，並且一直堅持到死亡；他也擅長寫喜劇。一齣用斯雷西恩方言寫的喜劇《可愛的野玫瑰》（Die geliebte Dornrose），描述兩個戀人的家庭因細故互相爭執的故事，將一系列眞實的、典型的發生在

②詩詞摘錄自：Wilhelm Gössmann: Deutsche Kulturgeschichte im Grundriß, Max Hueber Verlag, München, 5., neubearbeitete Auflage 1978. S.67。中譯文由作者翻譯。

農村的情節娓娓地鋪陳出來。由於這齣劇，農民才有資格成爲在宮廷上演的節日劇之主角。

能夠眞正地對民眾起教育作用，並且廣爲流傳的是在南德和奧地利興起的巴洛克「耶穌會戲劇」（Jesuitendrama），這是用拉丁文寫的，並且用德文加以解說的戲劇。它即是繼續推廣人文主義時期的「教育劇」。巴洛克最著名的小說，也是第一部深具意義，且是用德文寫作的小說是葛林梅豪生（H. J. C. von Grimmelshausen，一六二〇～一六七六）的《辛卜里奇斯木斯》（Simplizissimus）。這是部以三十年戰爭爲背景，透過主角一生坎坷的遭遇，反映當時的社會現狀及民不聊生的慘狀。主人翁從一個天眞無邪、少不更事的小孩，到歷盡滄桑，又返璞歸眞的過程，葛氏以通俗、幽默，又帶諷喻的筆調描寫得活靈活現、淋漓盡致，加上情節曲折生動，高潮迭起，且書中摻雜有作者濃厚的宗教色彩和宿命論思想，可說道盡了「人生」一詞的涵義，難怪小說以五冊的巨大篇幅出版時，轟動一時。③

要總結巴洛克思想，可從偉大的哲學家萊布尼茲（G. W. von

萊布尼茲（圖片來源：IDJ 圖庫）

Leibnitz，一六四六～一七一六）的學說來理解。萊布尼茲還是個科學家與數學家，他當時與義大利的伽利略、英國的牛頓和法國的笛卡兒（René Descartes，一五九六～一六五〇）齊名。萊氏博學多才，在數學、物理學、法學、史學、詩學、語言學、邏輯學及政治學等人文科學和自然科學的領域裡，都有獨到的創見。在數學上，萊布尼茲於一六七五年創立了「微分學」（Differentialrechnung），這是他透過研究幾何學曲線的切線和面積而獲得的成果。另一個他所創的數學理論「二進位制」（Dualsystem）奠定了後世控制論和電子計算機（電腦）原理的基礎，他也根據此理論製作一具計算機。

萊氏的哲學觀點，一以貫之地領會內在世界和超越感官直覺的存在：所有的一切都是「單子」（Monaden），無生命的、有機的、精神的、個人的、神。每一個存在體都和這個自發的中心力結合成一個數目，人的靈魂居於單子的中心位置。對他來說，不存在精神與物質的二元論，只有一種步驟，在世界上從不知覺越過知覺進到理性而起作用的許多單子。雖然一切的事物都有相對的獨立性，但它們相互之間卻是和諧一致的、協調的。這種靈與肉一致「預先穩定和諧」的理論使人們深信，我們所生存的世界是在所有可能存在的世界當中，還

③這本大部頭的小說已由大陸的德文學者翻譯成中文出版。

是最好的一個。形而上的禍害、物質的或精神的產物，其有限性與短暫性，還有道德的禍害、罪惡、過失、有形的禍害、一切形式的痛苦和缺乏，對萊布尼茲來說，都屬於他在其著名的論文《辯神論》（Theodizee）所述及的。在「認識論」中，萊布尼茲還贊同「先驗論」，他認爲客觀世界上存在的時空觀念不是人的意識反映，而是人類理智所固有的。萊氏繼承了十六世紀的人文主義思想，融合了巴洛克思想精神，爲後來十八世紀德國的啓蒙時代奠定基礎。

第三節　巴洛克音樂

巴洛克時期在德國藝術創造的領域裡，品質達於巔峰的是音樂。巴洛克盛期的音樂代表是兩位世界著名的作曲家巴赫（J. S. Bach，一六八五～一七五〇）[4]和韓德爾（G. F. Händel，一六八五～一七五九）。巴赫出自音樂世家，五代祖先皆從事

巴赫（圖片來源：IDJ 圖庫）

音樂創作，他的四個兒子繼承衣缽，也是音樂家，其中一位和莫札特是莫逆之交。巴赫的作品刻劃著深奧的巴洛克生活意識。他生於德國中部的艾斯那赫（Eisenach），年少時即展露他的音樂才華，從父親那裡學會了拉小提琴，從哥哥那裡學會了彈鋼琴。對於音樂的熱愛，可從他不放棄任何一場演奏會看出來。十五歲那年，家貧，爲了聆聽當時已高齡七十七歲著名的風琴家雷因肯（J. A. Reinken，一六二三～一七二二），他從就學的呂內堡（Lüneburg）徒步兩天趕到漢堡。風琴音調使他陶醉，他竭盡全力刻苦學習，終於學會了彈風琴。一七〇五年時，德國著名的風琴大師布克斯特胡德（D. Buxtehude，一六三七～一七〇七）在呂北克演出時，巴赫爲觀摩布氏的演奏及瞻仰大師的風采，向工作單位請假四週，徒步二百英哩來到呂北克，大師的風琴技術令巴赫嘆爲觀止。

巴赫的一生奉獻給音樂，他的經歷平淡無奇，從一七二三年在萊比錫的湯瑪士教堂（Thomaskirche）擔任音樂總監和音樂教師到一七五〇年去世，可說與音樂爲伍。他是多才多藝的作曲家，作品質量並佳，作有交響曲、鋼琴曲、提琴曲、笛子演奏曲和風琴曲等各種樂曲五百多首，以賦格曲顯示的對位風格是其創作複調音樂的特點。他的宗教音樂反映了

④中文通常譯爲巴哈。實際上，德文名字（Bach）的[ch]其發音是接近「赫」字的發音。

新教和神祕主義的思想。巴赫將新教詩人葛爾哈特（P. Gerhardt，一六〇七～一六七六）的讚美詩譜入他的《馬太受難曲》（Matthäuspassion）裡，歌詞如下：「啊！血跡斑斑受傷的頭，／充滿了痛苦，也受盡嘲弄，／啊！頭被當作譏笑對象／用一個荊冠綁著。」一七二七年的復活節，《馬太受難曲》第一次演出時，所有的人都震撼極了。在音樂中，人們彷彿聽到了羅馬官員發布追捕令與死刑令的吆喝聲，也感受到耶穌被綁在十字架上的痛苦，和死神降臨前的孤獨。當耶穌在十字架上垂死呼喚著：「我的天主！我的天主！爲什麼捨棄了我！」許多人的淚水不知不覺地流了下來。人們將巴赫的多聲部作品、風琴音樂、康塔特⑤和《耶穌受難曲》稱爲「聲音裡的哥德式大教堂」，因爲在那聲音裡面融合了明朗的理性和深沉、神祕的虔誠。

巴赫六十歲那一年前往柏林探望二兒子。他原本只是去看看剛出生的長孫，沒想到消息竟然傳到了佛利德利希大帝（見第二章，第35頁）耳中。大帝一聽說心儀的音樂家來到柏林，立刻派人請他進宮，並打算在巴赫面前吹奏一曲（按：大帝係吹奏笛子的好手）。巴赫於國王演奏後，立刻在鋼琴前坐了下來，隨著國王吹奏的主題即興演奏起來，聽得在場的人如癡如醉，國王更是滿意萬分。巴赫自己也很喜歡這首曲子，當場對國王承諾要寫成一首賦格曲獻給他。巴赫不只是說說而已，不久後他果眞完成了《音樂的奉獻》這部鉅作。

巴赫去世後，他的作品也漸漸被人所遺忘。有人說他的音樂不夠「現代化」，有人嫌他的音樂太沉悶了。不過他眞正再度引起眾人的注意，是經過很多音樂家肯定了他偉大的成就。當莫札特聽到巴赫的聖歌《向上主唱新歌》時，發出讚嘆聲地喊著說，他終於找到可以仿效的對象了。貝多芬在維也納演奏巴赫的《十二平均律》而榮獲鍵盤大師的美名，孟德爾頌（F. Mendelssohn-Bartholdy，一八〇九～一八四七）在二十歲時，聽到《馬太受難曲》大爲感動，決定在一八二九年，也就是這首曲子在萊比錫首演後的第一百年親自指揮演奏，巴赫的音樂藝術價值再度獲得人們的肯定，尊崇他爲巴洛克和古典音樂的開山祖師，並譽爲歐洲的音樂之父。

韓德爾與巴赫齊名，且同年生，但際遇比巴赫好得多，在世即享盛名。他出生在哈勒（Halle）的一個醫生家庭，從小也展露音樂天賦；與巴赫一樣，對布克斯特胡德的風琴技藝相當著迷，爲了聽一場萊比錫的音樂會，他也從哈勒徒步前往聆賞。韓德爾的父親要他學法律，同時也允許他兼習音樂，七歲時學習風琴，十七歲時獲得了他的第一個風琴師職位。到十八歲，父親死後，他馬上放棄法律，專心致力於音樂的研習。一七〇三年擔任漢堡歌劇院管弦樂隊提琴手。一七〇五年他寫出了第一齣歌劇《阿爾米拉》（Almira）大獲成功。一七

⑤ Kantate（音樂名詞），音譯康塔特，是一種大合唱，其中有獨唱、重唱穿插，有宗教或世俗主題的情節。

○七至一七○九年他去義大利深造，寫了多首世俗和宗教的康塔特，也寫歌劇和清唱劇。一七一○年回德國，擔任漢諾威選侯的宮廷教堂樂長。一七一一年赴英國，他的歌劇《利那多》（Rinaldo）在倫敦首演，也大獲成功。一七一二年秋天他決定在英國定居。一七一五至一七一七年的《水上音樂》（Wassermusik）將英國的民間音樂和宗教合唱藝術融合在一起，佐以巴洛克華麗、優美又流暢的旋律，幽雅動聽，膾炙人口，特別是由於他的創作，使倫敦成爲音樂中心，遂贏得英王的寵愛。

一七一九年韓德爾受委任創立了「皇家音樂學院」，一七二○至一七二八年之間他發憤寫了十四齣義大利歌劇，齣齣叫座，使他譽滿全歐。大約從一七四○年起，韓德爾致力於譜著大型的聲樂曲，在二十二首這類型的音樂中，最突出的是寫於一七四二年的《彌賽亞》（Messias）這首聖樂，成爲十九世紀合唱曲中之聖品及合唱團獻唱的標準作品。他的聖樂既具有嚴肅的宗教意味，又具有在英國和歐洲流行的啓蒙思想，內容反映了新興資產階級爭取自由民主的要求。韓德爾的音樂反映了巴洛克時代的宇宙觀，他譜寫的音符像數學那樣嚴謹，使人憶起在古希臘、古羅馬傳說中只有神才聽得見的天籟，而其音樂感則是充滿了熱情洋溢和快樂的歡呼。

韓德爾在義大利時，對義大利歌劇藝術留下深刻的印象。在音樂創作上，他把義大利的旋律和德國的對位法結合起來，這種完美地融合達到登峰造極的境界。除了三十多齣歌劇及聲樂作品外，同時創作了爲數不少的器樂作品，計有十八首大協奏曲、三首雙管弦協奏、大約二十首風琴曲、爲數頗豐的三重奏鳴曲和獨奏曲（包括小提琴、雙簧管、豎笛和橫笛）及二十多首鋼琴組曲。韓德爾逝世之日，英王以隆重的葬禮厚葬於倫敦西敏寺大教堂（Westminster Abbey），亦頗有哀榮。

第四節 巴洛克建築

歐洲的建築風格歷經了四個時期：羅馬式、哥德式、文藝復興式和巴洛克式。羅馬式及哥德式前已言及（見第四及第五章）。文藝復興式的建築物較少，留學義大利的建築大師霍爾（E. Holl，一五七三～一六四六）於一六一五至一六二〇年奧格斯堡建造的市政廳可說是最具代表性的文藝復興式建築之一。

十七世紀時，特別有兩股強大的勢力在定調政治事件：極權主義的國家和勢力再度強盛的極權教會。教堂和王公貴族的府邸同時也是一種在轉變的文化——巴洛克文化的領導者。巴洛克的建築風格盛行於一六〇〇至一七五〇年，仍源自文藝復興，並以此爲基礎繼續發展下去的。但是文藝復興的肅靜和清澈感漸漸變成動態、充沛和富麗堂皇並呈大弧形的氣勢伸展，力量和壓力的氛圍呈現於建築的寧靜中，巴洛克風格起初由於其裝飾給人金碧輝煌及有壓力的整體感覺，但在其發展的過程中，漸漸地趨向於輕盈及明朗的風格，這種令人愉悅及寧靜的巴洛克和洛可可教堂遍布在德國的南部，已將宗教建築和世俗建築融合在它的形式裡了。

巴洛克教堂的重點是強調開闊的內部空間，教堂外都有一個橢圓形的拱頂，它處於中堂和翼部的四角交叉線上。內部的聖壇仍沿襲中古世紀晚期的圖畫聖壇，發展成為莊嚴雄偉的聖壇，飾以雕像，圓柱並裝飾著金色的花紋圖案。這種聖壇襯以顯示宗教權力的布景，搭配著教堂唱詩班的席位及一旁放置的風琴，是從巴洛克時期開始所有的教堂必備的擺設。在南德和奧地利的教堂建築特別受到來自義大利巴洛克風格的影響。那裡矗立了一系列的教堂，比如在莎茨堡的大教堂、慕尼黑的特阿梯那教堂（Theatinerkirche）、法蘭肯的十四聖人朝聖教堂（die Wallfahrtskirche Vierzehnheiligen）和施瓦本的修道院教堂。無數的巴洛克時期的教區禮拜堂構成南德和奧地利的村莊及城市特徵，一直到今天都還是他們宗教生活的中心。

德國巴洛克皇宮的建築幾乎一窩蜂地模仿法國的凡爾賽宮。每一座皇宮通常呈馬蹄型，前面建有內部庭院，後面設有花園。皇宮的內部中間建造有非常藝術化的樓梯。牆壁上每

特阿梯那教堂外觀

（圖片來源：IDJ 圖庫）

特阿梯那教堂內部

（圖片來源：IDJ 圖庫）

一幅華麗的圖畫有它固定的色彩，畫有古希臘、羅馬神話主題，並用石膏花飾及溼壁畫雙重裝飾著，洋溢著節慶熱烈歡欣鼓舞的氣氛。房間內部的擺設一般皆爲覆蓋著絲織品的家具、昂貴的掛毯和華麗精緻的窗簾、鏡子，水晶裝飾的吊燈、燭臺、框邊飾有閃著金光圖案、昂貴異常的先祖油畫，厚重結實、雕刻有各種花紋圖案的巴洛克風格櫃子，也是不可缺少的裝飾。在德國，由於巴洛克的皇宮建築附帶地使花園藝術興盛起來。花園是法國式風格造型，花草、樹木及枝葉均經過人工仔細地修剪；各種造型的水榭噴泉一應俱全，除點綴外，尚用做娛樂表演。不再當作堡壘防衛作用的巴洛克宮殿，整體呈現出新時代對稱式的布置，並突顯出個人的風格。約於一七〇〇年之後，巴洛克的藝術逐漸、慢慢地被輕盈和纖細的洛可可（Rokoko）所取代。在北巴伐利亞，由名建築師秦默曼（D. Zimmermann，一六八五～一七六六）所建蓋的威斯教堂（Wieskirche）也許是這種風格最美的例子。

巴洛克式興盛的時期，其教堂、皇宮、寺院、音樂廳充斥著德國每一個地方，甚至整座城市，比如維也納、莎茨堡和烏茨堡的各類建築皆是清一色的巴洛克式。與北德比較，南德的巴洛克藝術發展到巔峰。人們也因此習慣地說，在信仰天主教的南德地區高度地發展著建築、雕刻和繪畫藝術，給了一個「圖畫巴洛克」（Bildbarock）的用詞，相對的，在信仰新教的北德地區，致力於鼓勵文學和音樂的創作，也有輝煌的成就，因此被冠以一個「文字巴洛克」（Wortbarock）的稱號。

第八章

德國民族思想之萌芽與演進

啓蒙主義對歐洲史深具意義。人們對於極權主義及其制度的缺陷，比如不自由、法律的不平等和權力的濫用等深感厭惡。英國哲學家洛克（J. Locke，一六三二～一七〇四）對一個完美國家的理念引起大家的共鳴。他闡述如下：人生而自由、平等。爲了要保障和平與幸福的生活，唯有與國家緊密地結合，並且與統治者簽訂一項「合約」，國家的建立既不是一種神的旨意，也不是一個極權統治者的旨意，而是由有獨立行使主權意願的人民來決定的。這種振奮人心的思想促成了一七七六年美國的獨立宣言和一七八九年法國大革命的人權宣言。

雖然此時德國的政治局勢非常不樂觀，軟弱、閉塞、四分五裂的諸侯小國心胸狹隘，目光短視，不能形成統一的民族國家，但是此時期德國的文化卻達到在德國有史以來最光輝燦爛的一頁。湧現了一大批思想家、文學家和音樂家，他們在哲學、文學和音樂領域上勤奮地耕耘，所散播的思想，激起了德國人的民族感、愛國心，爲日後德意志的統一鋪下了一條平坦的大路。

第一節　從啓蒙思想到狂飆突進運動

宗教戰爭結束後，新思想從法國和英國散布到全歐洲，即啓蒙主義和古典主義。啓蒙主義的思想可以用康德（Immanuel Kant，一七二四～一八〇四）的一句：「提起勇氣，善用你的理性去解決事情。」來概括，這也是啓蒙主義的原則。新風格不再是巴洛克式充滿動態的裝飾，卻是簡潔和寧靜，新精神不再是信仰引起如此多的爭論和歧義的教條，而是信仰理性的力量。

啓蒙主義思想的代表無疑是雷辛（Gotthold Ephraim Lessing 一七二九～一七八一），其文學及美學評論、結構簡潔而無虛飾的文學作品及其神、哲學著作標示著德國啓蒙主義的巔峰，同時也爲後繼者鋪路，指出一個明確的方向。在雷辛的作品裡，透過深刻的人文主義反映出「理性」的觀念。以他寫於一七七九年的哲理劇《智者納坦》（Nathan der Weise）最爲人稱頌。劇中的薩拉丁王請教納坦，在基督教、猶太教及回教這三

雷辛（圖片來源：IDJ 圖庫）

種宗教裡，哪一種才是世界上最好的宗教，納坦只講了一個戒指的故事：古代東方有一個人，他有一枚世代相傳的戒指，誰擁有它，誰就能得到上帝的恩寵。傳到有一代，父親對三個兒子的愛不分軒輊，於是讓人另製了兩枚一模一樣的戒指；最後連父親自己也難分辨眞僞。父親死後，三個兒子都爭辯自己的戒指是眞的，請求法官裁決。法官說，每個人都可以把自己的戒指當作眞的，應該用自己的行動爭取上帝及眾人的愛，這種愛顯示在自己的戒指上便是眞的戒指了。薩拉丁聽了這一席話，從中領悟三種宗教具有同樣價值的道理。

雷辛是個出色的劇作家，他的戲劇創作體現了他戲劇理論裡的原則，寫出多部膾炙人口的劇作，如一七六七年所寫的《明娜・馮・邦罕姆》（Minna von Barnhelm）被稱爲是德國第一部傑出的喜劇，一七七二年的《艾米莉亞・迦洛蒂》（Emilia Galotti）是德國第一部平民悲劇。雷辛由其《漢堡劇評》（Hamburgische Dramaturgie，一七六七～一七六九）提出的戲劇理論，使他成爲德國文學史裡現實主義文藝理論的奠基人。多才多藝的雷辛在「美學」方面也有劃時代的論著。文學、音樂、繪畫、雕塑等都屬於文藝範疇，有共同的特色及規律性，這些共同點自然都是美學討論的對象。另外他的主要創作還有寓言，他使寓言在啓蒙時期重新列入文學之林。他的寓言多爲有感而作，不是枯燥的道德說教，內容都爲反映現實，批判教會的壟斷，攻擊普魯士專制主義，揭發當時德國文壇的一味模仿及落後的現象。雷辛在啓蒙運動中具有舉足輕重的地位，他是德國民族文學的奠基人，對後輩的歌德[1]和席勒都有很大地影響。

跟雷辛一樣，赫爾德（J. G. Herder，一七四四～一八〇三）也是一位人文主義熱情的宣告者。他爲狂飆突進文學提出理論，並指示正確的途徑，是歌德的啓蒙老師。他先攻讀醫學，後攻讀神學和哲學，是康德的學生。赫爾德研究範圍相當廣泛，舉凡哲學、文藝、宗教、歷史和語言學等等，尤其不遺餘力呼籲提倡民族文化，強調民族感情，重視民間文學，試圖從歷史觀點說明文學的性質和宗教的起源，並用比較語言學方法解釋語言和思想的關係，有一系列豐富的著作。他嘗試從藝術、文學和音樂去瞭解人民內心深處的靈魂，一七七八／一七七九年出版《歌曲裡的人民之聲》（Stimmen der Völker in Liedern），雷辛與歌德都參與整理工作，收集了各時期、各民族的各種歌謠。民歌以簡單、樸實的語言敘述各民族各階層人民的心聲，配上優美的旋律，每首皆悅耳動聽。歌頌愛情的《愛的飛翔》（Der Flug der Liebe）是集子中一首頗著名的詩篇，它又名《假如我是一隻小小鳥》（Wenn ich ein Vöglein wäre），配上輕快活潑的旋律，譯爲各國語言，臺灣的音樂教材亦收有此首可愛的歌曲。赫爾德的《民歌集》提倡直接以簡潔的語言表達各民族情感，反對一味地盲

①歌德的《少年維特的煩惱》裡，維特自殺前，最後看的一本書是《艾米莉亞．迦洛蒂》。

目模仿，對德國民族文學的建立與發展具有重大的影響，對狂飆突進運動及後來的文藝思潮皆產生極大的激勵作用。

約一七七〇年時，一種年輕世代的聲音突然嘹亮起來。莎士比亞（Shakespeare，一五六四～一六一六）和盧騷（Rousseau，一七一二～一七七八）是他們的榜樣，其文學創作標榜著熱愛自由、狂熱崇拜天才、積極地提倡個性解放和強烈地控訴一種毫無人性的傳統，這種年輕人對心靈和激情的反叛被定義爲「狂飆突進運動」（Sturm und Drang）。這種文藝流派約持續十八年，以年輕的席勒和歌德爲代表。一七七四年歌德的書信體小說《少年維特的煩惱》（Die Leiden des jungen Werthers）轟動整個歐洲。一七八二年，十八歲的席勒寫的劇本《群盜》（Die Räuber）上演時，造成熱烈地迴響。對於萬惡的世界之憤怒使高貴的卡爾．摩爾（Karl Moor）淪落爲強盜，「我的心靈渴望行動。我的呼吸渴望自由」，道盡他的無奈。這種革命性的狂飆突進運動、人文主義和古典主義的思想後來融合在古典主義的作品裡，再造德國文學另一個高峰期。

啓蒙主義最偉大的哲學家是康德，在他一七八八年發表的一書《實踐理性之批判》（Kritik der praktischen Vernunft）裡，建立了新的人文主義哲學基礎。理性可以支配人的意願和實際行爲；康德指出，人之所以爲人是存在於一種自然律下的。這律令束縛著人的自由。他主張：「良心律令，讓我們無條件地決定向善和避惡，故行動時，在每一個情境之中，你的行爲規律都是正確的，而受一個普遍律之支配②。」

第二節　古典主義

古典主義主張用民族規範語言、按照規定的創作原則（如戲劇的「三一律」規則，即時間、地點、情節的一致）進行創作，以理性主義作爲創作的指導思想，模仿古代希臘、羅馬的文學，甚至採用古代題材。古典主義具有現實主義因素，在一定程度上反映了社會發展面貌，反映了反對封建專制主義和教權主義的反抗精神，但有抽象化、形式主義傾向。德國古典主義的兩位掌旗大將是席勒和歌德。

席勒（F. Schiller，一七五九～一八〇五）以《群盜》一劇一舉成名。介於「理想」和「生命」之間永無止境的緊張關係，介於它應該成爲怎麼樣的世界和它是怎麼樣的世界之問題是席勒文學創作的泉源；爭取自由和人性尊嚴、致力於正義和善事常常遭受到失敗是他

---

②見陳廷璠譯：世界文化史，第745頁。

們（指作品中所塑造的主人翁）悲劇的來源。席勒的戲劇作品如寫於一七八七年的《唐．卡洛斯》（Don Carlos）和一八〇四年的《威廉．泰爾》（Wilhelm Tell）都是他個人爲爭取自由和人性尊嚴而奮鬥的證明。他在《唐．卡洛斯》一劇裡塑造了一個理想主義者波沙（Posa）侯爵，爲了要求被暴虐的國王剝奪的人權而以生命付出代價。一七九九年，席勒以三十年戰爭著名的將軍《華倫斯坦》（Wallenstein，一五八三至一六三四）爲主角的同名三部戲劇，塑造這位英雄徘徊於「忠貞」和「叛變」、及「良知」和「野心」之間的抉擇，終於走下坡，導致他在權力的最高峰被謀殺。十九世紀時，很少有幾個名流能像席勒一樣，在精神生活方面產生這麼大的影響。這不光只是在德國而已，還擴及到羅曼尼斯（即現在歐洲南部地區）、盎格魯薩克森和斯堪地那維亞的國家，特別是沙皇俄國受其影響最大。

歌德（J. W. von Goethe，一七四九～一八三二）直到今天都是德語區國家最偉大的詩人。經由他在狂飆突進運動時期一些青少年期完美的詩作，特別是《少年維特的煩惱》已使他名滿天下。一七七五年他被威瑪的大公爵從

歌德（圖片來源：IDJ 圖庫）

法蘭克福召喚到他的宮廷，幫助處理政事。由於歌德、席勒和赫爾德使得這個在圖林根的小公侯國成爲當時德國精神、文化的中心點。

一七八六年歌德到義大利旅行。古希臘、羅馬的和諧及明朗風格讓他留下深刻的印象。經由這次旅行的經歷在歌德的生命和創作開始了新的一頁。一些偉大的戲劇《在陶里斯的伊菲格妮》（Iphigenie auf Tauris）、《艾格蒙特》（Egmont）、《托夸多．塔索》（Torquato Tasso）和部分的《浮士德》（Faust）都是這個古典時期的創作。他的悲劇作品《浮士德》從一七七一年開始寫，到他去世前一年才完成，足足花了六十年的時間，也許是歌德最具代表的一部作品。它是一部描寫一個人努力追求知識和達成願望的過程。浮士德在追求的過程中，甚至和魔鬼訂立條約，魔鬼允諾他，給浮士德幸福和權力；但是當浮士德感到滿足時，必須立即死去，靈魂歸魔鬼所有。雖然在浮士德努力追求的過程中，犯了不少錯誤和罪過，但是在追求的過程中，他並沒有離開上帝，因爲這種追求是屬於眞正的人性本質。最後當浮士德帶領人民改造自然，建設美好的家園時，他在歡樂的勞動歌聲中，感到心滿意足，一瞬間不禁喊出：「你眞美啊，請停留一下！」隨即倒地而死，魔鬼來收取他的靈魂時，上帝派出天使把浮士德的屍體同靈魂帶往天國，象徵了上帝和浮士德戰勝了魔鬼。全劇的時空背景橫跨文藝復興以來，歐洲三百年的歷史。歷經光明與黑暗、進步與反動、向上與墮落兩種勢力的不斷鬥爭。浮士德的抱負和追求表達了歌德對於人類未來遠大理想的追求。

第三節 浪漫主義

浪漫主義雖受古典主義來自古希臘、羅馬「和諧」和「簡潔」概念的影響，然而他們「發現了」感覺、幻想和深夜的世界、中古世紀的文化和人民的藝術及文學。他們不再將完美的形式看成是一件藝術作品的本質，而是「無止境的感動」。雕塑藝術不再是他們文學創作的姊妹藝術，而是音樂了，而抒情詩是他們最適合的表達方式。一些浪漫派詩人如梯克（L. Tieck，一七七三～一八三五）、諾瓦利斯（Novalis，一七七二～一八〇一）、布倫塔諾（C. Brentano，一七七八～一八四二）或艾辛多夫（J. von Eichendorff，一七八八～一八五七）紛紛投入詩歌的創作，比如有多首歌詠「夜之詩歌」的創作，整個大自然似乎被賦予靈魂，生氣活潑起來了。一七七八年時，赫爾德已經出版了詩歌集，現在一八〇五年一部由布倫塔諾和阿爾尼姆（A. von Arnim，一七八一～一八三一）所收集編寫的民歌集《兒童的神奇號角》（Des Knaben Wunderhorn）共三冊出版了。這本民歌集是獻給歌德的，對浪漫派作家的作品一向甚少評論的歌德，於一八〇六年給予正面的評價，他說：「神奇的號角有它的一席之地，在每一棟住著健康的人們的屋子裡，都應該擺著這本書。」[③]它深深地影響晚期的浪漫主義者，比如艾辛多夫或莫利克（Eduard Mörik，一八〇四～一八七五）。這部

格林兄弟（圖片來源：IDJ圖庫）

民歌集還影響海涅（H. Heine，一七九七～一八五六）的創作，它的浪漫感覺無拘無束地常常蒙上一股尖銳的諷刺，而海涅很多首浪漫派的詩歌，比如《羅蕾萊》（Loreley）也變成廣爲傳唱的民歌了。

兄弟檔的作家，兄：雅克伯・格林（J. Grimm，一七八五～一八六三）及弟：威廉・格林（W. Grimm，一七八六～一八五九）研究中古世紀的德語，並於一八一九年共同出版了一部在全世界廣爲閱讀的《格林童話》，即《兒童及家庭童話》（Kinder- und Hausmärchen）。在這時期並不只是要感謝赫爾德和浪漫派作家們發現自己民族的文學，浪漫派的文學也放眼其他民族的文學，比如英國的莎士比亞、義大利的但丁（Dante Alighieri，一二六五～一三二一）、西班牙的卡德隆（Calderón de la Barca，Pedro，一六○○～

③錄自H. A. und E. Frenzel: Daten deutscher Dichtung. Chronologischer Abriss der deutschen Literaturgeschichte. Band I. dtv. S.320.

一六八二）及葡萄牙的卡默伊希（Luis de Camoens，一五二四或一五二五至一五八〇），同樣的，還將一些阿拉伯、波斯和印度的文學作品翻譯成德文，把眼光擴及全世界豐富的、尚且陌生的文化。

浪漫派有很多深具代表意義的作家，但有兩位作家於他們在世時卻不受矚目，一位是賀德林（F. Hölderlin，一七七〇～一八四三），另一位是克萊斯特（H. von Kleist，一七七七～一八一一）。賀德林的書信體小說《許佩里翁》（Hyperion）描寫一七七〇年希臘人反抗土耳其壓迫者的鬥爭，流露出對古希臘文明的嚮往。赫德林寫給他的愛人蒂歐娣瑪（Diotima）的讚美詩和詩歌今天被視爲世界文學的抒情詩。克萊斯特一八一〇年的戲劇作品《宏堡王子》（Prinz Friedrich von Homburg），探討「法律」和「自由」、「義務」和「意願」之間的衝突。內容敘述宏堡王子在一次聽取作戰計畫簡報時，因沉迷幻想自己此戰如獲勝，將可娶得萊奧娜（Leona）公主，因而心神渙散。開戰時，宏堡王子不遵守原定計畫，便冒然發動攻擊。雖然此役他大獲全勝，然而卻違反了軍事紀律，被判死刑。宏堡王子央求萊奧娜向大公爵求情，大公爵要他在監獄裡自我檢討，他應該是被判有罪或無罪。宏堡王子慢慢認清事實。最後，在法庭上他承認自己違反軍事紀律，應該判死刑；後來大公爵赦免其罪並將萊奧娜公主嫁給他。

第四節 古典主義和浪漫主義的音樂

不只是德國的哲學和文學在約一八〇〇年大放異彩，那時候尚有另外一個文化領域——音樂創作也達於登峰造極之境界。音樂之都是帝國城市維也納。它的根源扎根在許多歐洲民族的文化上。巴赫在他的音樂作品裡，幾乎將泰西音樂的傳統融合在一起了，從中古世紀的讚美詩一直到北德的多聲部音樂；巴赫將這豐富的遺產繼續傳給幾代的後起之秀。韓德爾和海頓替英國的音樂搭起了橋樑。但是德國的音樂也特別要感謝義大利的大師，比如帕勒斯特利那（Palestrina，一五二五～一五九四）、蒙特維爾第（Monteverdi，一五六七～一六四三）、史卡爾拉第（Scarlatti，一六六〇～一七二五）和韋瓦第（Vivaldi，一六七八～一七四一）。

約瑟夫・海頓（J. Haydn，一七三二～一八〇九）被稱爲維也納古典音樂之父。他替今天我們所熟悉的古典奏鳴曲、四重奏和交響曲定下表現形式。在他一生當中寫了一百零八首交響樂，故又有「交響樂之父」的尊譽。一七九一年及一七九五年他兩度赴英國倫敦，創作了十二首倫敦交響樂，演出極爲成功，獲頒牛津大學的名譽音樂博士頭銜。一七九八年完成清唱劇《創世紀》（Die Schöpfung），一八〇一年完成《四季》（Die Jahreszeiten）。一八〇九年五月，法軍進攻維也納，海頓憂心忡忡，於五月底溘然辭世於維也納。

莫札特（W. A. Mozart，一七五六～一七九一）也許是全世界最知名的音樂家。這位有「神童」之稱的作曲家，在慕尼黑、維也納、巴黎、倫敦、拿坡里和米蘭的演出都大獲成功；海頓是他的老師和如父親般的朋友；海頓的作品成爲他創作交響樂、協奏曲、四重奏和奏鳴曲的榜樣。莫札特的多數作品是純眞、親切、歡樂、和諧和陽光明媚的。著名的歌劇有《費加洛的婚禮》（Die Hochzeit des Figaro，一七八六）、《魔笛》（Zauberflöte）及《唐・喬凡尼》（Don Giovanni，一七八七），都是大家耳熟能詳的。《魔笛》是部老幼咸宜的作品，《唐・喬凡尼》則被讚譽爲音樂領域中的《浮士德》。莫札特的音樂節奏明朗愉快、旋律和諧雅潔，聆聽他的樂符往往讓人心曠神怡，將煩惱憂鬱一掃而空。莫札特留下四十七部交響樂、二十七部鋼琴協奏曲、三十七部小提琴奏鳴曲、十九部歌劇及一百餘部其他各類樂曲，如小夜曲、四重奏、五重奏及彌撒曲等之作品。這位早逝的音樂家爲我們留下膾炙人口的作品。

貝多芬（L. van Beethoven，一七七○～一八二七）的音樂作品一般都把它定位在介於

貝多芬（圖片來源：IDJ 圖庫）

古典和浪漫之間。在他的生命之途、他的作品和他對音樂無法抑制的熱情都與詩人席勒類似。他出生於貧困的家庭，在波昂長大後，一七九二年即搬到音樂之都維也納去，拜海頓為師。是時已漸漸嶄露其才華，在那裡從一八〇〇到一八一〇年寫了八首交響樂，受到當時奧地利社會的重視。莫札特曾在聆賞他的作品後，讚譽道：「他將要騷擾這世界！」在他創作的巔峰期時，他遭到人生中最嚴酷的打擊，他耳聾了，這對一位靠耳朵工作的音樂家是何等地殘酷！但他對音樂的熱情卻有增無減，有誰能想到，他最偉大的作品，最受世人所熟悉讚賞的《第九交響曲》，就是在他兩耳全聾時創作的。一八二三年，他以詩人席勒作於一七八六年的《歡樂頌》（An die Freude）裡，發自肺腑地歌頌友情、善良、寬容與和平；呼籲四海之內皆兄弟，人類應該相親相愛，使生活充滿歡樂的旨意作為交響樂第四樂章的合唱部分，譜成曲。全章壯麗宏偉，至情至聖令人動容。貝多芬堪稱交響樂大師，除了交響樂之外，尚有協奏曲、序曲、奏鳴曲等都是音樂會常見的曲目，貝多芬既是古典主義的完成者，又是浪漫主義時代的開路先鋒。他的音樂對於時代與個人的情感表現，宏偉的戲劇性和對自然的禮讚等都為浪漫主義開啓了通向新時代的大門，「樂聖」的稱號實至名歸。

將歌德和浪漫主義作家的詩歌譜成曲，曲曲優美動聽、嵌入人的心中，廣為傳唱的是有歌曲大王美名的舒伯特（F. Schubert，一七九七～一八二八），一生中總共寫有六百多首可由鋼琴伴奏的歌曲。光為歌德的詩作譜的曲就有八十首，其中最膾炙人口的是《魔王》

及《在紡織輪旁的葛蕾馨》。《聖母頌》（Ave Maria）有虔誠、敬仰、寧靜與美感的氣氛，《聽聽那雲雀》（Horch, horch, die Lerche）清新流利的旋律有民謠的風格。舒伯特所寫的詩歌組曲可說無分國界，千古傳唱不輟。一八二七年的《冬之旅》（Winterreise）共有二十四首歌曲，描寫旅人遠離故鄉的憂愁，有浪漫主義一貫的沉鬱色彩，其中第四首的《菩提樹》，連臺灣的中小學音樂課本皆將此首列入教唱歌曲之中。舒伯特被封爲「歌曲之王」實至名歸。

像舒伯特，舒曼（R. Schumann，一八一〇～一八五六）也是一位音樂家之中的抒情詩人，寫了許多著名的浪漫派歌曲，將浪漫派詩人艾辛多夫的詩，譜寫成十二首歌謠曲，並譜寫多首交響曲。

浪漫派歌劇的創作者韋伯（C. M. von Weber，一七八六～一八二六），其歌劇《魔彈射手》（Freischütz）是齣典型的德國歌劇，浪漫派文學和繪畫裡的森林主題，深入地探討陰沉的大自然現象都被韋伯以音樂的形象翔實地展現出來，一八二一年首演時大獲成功，這齣歌劇成爲德國民族歌劇的典型。他在歌劇裡率先使用「回憶主題」的技巧，這對華格納後來的「主導旋律」技巧是一項大大的啓發。

浪漫歌劇的集大成者是華格納（R. Wagner，一八一三～一八八三）。在被當作革命者而遭受逮捕及流亡異國之後，慕尼黑的巴伐利亞國王提供他一個創作的場所。在拜魯特

Richard Wagner.
華格納（圖片來源：IDJ 圖庫）

（Bayreuth）建立了一座專屬他的劇院，至今還在上演華格納的樂劇，比如《唐懷瑟》（Tannhäuser，一八四五）、《隆恩格林》（Lohengrin，一八四七）④、《特里斯坦》（Tristan，一八五九）或是《尼布龍根的指環》（Der Ring der Nibelungen，一八七一）。罪過、痛苦和解脫、愛和死是這些樂劇的主題，音樂故事來源取自中古世紀的神話和傳說。

第五節　浪漫主義的哲學

在整個十九世紀裡，德國哲學家一脈相承，各種學說迭起，對各國的哲學思想影響既深

---

④在此劇中的第三幕，天鵝騎士與艾爾莎公主舉行結婚典禮，當時所奏的「結婚進行曲」就是今日在臺灣眾所熟悉的曲調。而在日本的「結婚進行曲」則採用孟德爾頌的作品。

且遠，這些哲學家留下的經典作品，世人目前仍奉爲圭臬，汲汲地鑽研。德國的哲學家能享有世界聲譽，是實至名歸的。如果說十八世紀是德國的文學和音樂世紀的話，那麼十九世紀堪稱爲德國的哲學世紀，因爲名家輩出，令人矚目。

一、黑格爾（F. Hegel，一七七〇～一八三一）

黑格爾是康德的學生，在他所處的年代幾乎沒有一個哲學家像他那樣有影響力。他認爲人類，即是人類精神的體現，在歷史的長河中，自己以辯證的步驟趨向越來越多一點的自由和完善；朝向神聖的理性發展。黑格爾強調思維，即所謂「絕對理念」創造了世上萬物，思維創造了存在，思維是萬物的本質。它（思維）是不以他人意志爲轉移的，是於人類和自然出現以前就已存在的。思維是自我認識、自我發現、一切都是自在自爲，自我創造，最終又回復自己，即在思維中達到統一。「哲學所帶來的唯一思維是理性控制全人類。」這種教導控制理性和它在歷史的發展即是黑格爾的客觀「唯心主義」。

黑格爾（圖片來源：IDJ 圖庫）

二、叔本華（A. Schopenhauer，一七八八～一八六〇）

當黑格爾樂觀的哲學肯定精神生活時，出現了叔本華的悲觀哲學，在他的重要著作《意志與表象的世界》（Die Welt als Wille und Vorstellung）裡，他說意志是世界上所有存在物的最內在本質，從外表來看世界對於能認知的人只不過是表象而已。人生基本上是以無止境的意志追求一系列毫無意義的事，比如痛苦、憂傷和恐懼。這高於一切的任何意志其實都是慾望的反面，所釋放出來的是自我奮鬥，爲慾望而奮鬥，爲慾望而排斥他人和一切阻力，這便是人的本質。因此追溯慾望的源頭，這意志就會產生罪惡的事，又當達不到所希冀的慾望時，意志便會痛苦。「意志」是如此的邪惡，人們一定要拒絕、排斥它，這樣才能得到解脫。

叔本華（圖片來源：IDJ 圖庫）

三、馬克思（K. Marx，一八一八～一八八三）

馬克思不同意黑格爾的唯心主義，他認爲哲學是現實的理論，是要批判思想的，並且

馬克思（圖片來源：IDJ 圖庫）

是社會實踐的原動力。他的思想、著作和他的生活是與恩格斯（Friedrich Engels，一八二〇～一八九五）密切不可分的。兩個人共同之目的是：經濟、工業和社會各階層的問題能夠用一種直接進入生活的哲學來解決。馬克思成為無產階級運動的思想家和策畫者。在被放逐到英國時，他和恩格斯一起創立了「科學的社會主義」，並把它寫在一八四八年發表的《共產主義宣言》（Kommunistisches Manifest）和《資本論》（Kapital）裡。德國的唯心主義者，比如黑格爾教導說：人的精神（即自我）在歷史的過程中轉變成物質世界（即非我）。馬克思通過他的學習和經驗持不同的結論：不是意識支配生活，而是生活支配意識。物質世界，也即是說經濟的關係，根據馬克思的說法是最原始、天然及基本的，它們是決定一個時代的思想和觀念（理念）。這種哲學即是歷史的唯物主義（唯物論）。

資產者——馬克思這樣證明——在以工業和技術創造了巨大無比的生產力時；以此摧毀

了舊的、封建的社會秩序，並且自己提升爲支配階級，但同時也產生他自己的死敵，即近代的無產階級。小企業家們在競爭時失敗了，自己成爲無產階級；大資本家越來越集中、壯大，但是被剝削的工人，起來革命的群眾也越來越多。「革命」遂不可避免。「資產階級製造自己的掘墓人。他們的毀滅和無產階級的勝利同樣不可避免。」就像資產者曾經一度毀滅封建主義，所以現在根據馬克思的證明，無產階級消滅了資產者。

工人階級的積極會員們之任務是向群眾闡明，準備世界革命，無產階級要永遠的執政。《共產主義宣言》一書因此以呼籲一起對抗資本主義的口號：「全世界的無產階級，你們團結起來吧！」作爲結語。約第一次世界大戰時，社會主義黨和共產黨分裂了，他們被國際上承認的領導人變成列寧（Lenin，一八七〇～一九二四）了。當一九四九年中國的共產黨勝利時，世界人口有三分之一強是在它的統治下。然而一個馬克思和列寧希望的共產世界並沒有實現。一九八九年在東德和大部分其他的東歐國家實施了改革和歷經多次的革命，結束了這一個制度完全僵化了的共產統治。

四、尼采（F. Nietzsche，一八四四～一九〇〇）

尼采不只是一個出色的哲學家，他同時還是一個語言學家及詩人，文學作品有戲劇、抒情詩及散文作品；他的思想對德國現代文學的表現主義和印象主義影響很深，現代文學之受重視，也大部分源於尼采。尼采精通古典語文學、希臘哲學和文學。其生命及存在哲學起先同意叔本華的看法，但後來他就不同意叔本華的「意志論」，認爲人生的滿足並不是消極地否定，而是積極肯定的人生態度。所以他對生命的熱愛，使他拒絕聽天由命，或者是屈服於宗教和世界觀之下，不贊成對人生持無可奈何的態度，這是對強大生命力的肯定。對貧困之人持以愛心、對弱者（被尼采視爲奴隸）持以同情心在他看來是衰敗的徵兆。

尼采強力地批判了西方傳統的基督教文化，必須否定受理性主義、基督教傳統的道德體系和人道主義支配而日趨沒落的西方文明，主張重估一切價值。尼采以「上帝已死」（Gott ist tot.）、「虛無主義已站在門前」（Der Nihilismus steht vor der Tür.）象徵現代文明的無根。他渴望著在這個虛無的世界上尋找到一種意義，或者說創造出一種生存的意義，以此來肯定人的存在價值。他的思想爲後來的存在主義奠定了基礎，被譽爲存在主義的先驅之一。在「唯意志論」裡，尼采重視「權力意志」，肯定強者（被尼采視爲主人），由此產生了「超人」理論，並提出永恆輪迴的命題，渴望建立起一個全新的、強而有力的思想文化體系。尼采鼓吹「超人哲學」，再加上權力意志的世界觀與人生觀，後來被納粹主義斷章取義地誤用。

第九章

近世紀的科技和文明

邁入十九世紀的德國儼然脫胎換骨，市民階層的家庭仍然恪守倫理、信仰、遵循基督教義。然而這一個世紀的確與過去不同，它熱切地趨向現實，積極地發揮實際力量，比如將工業、經濟及科學等推入一個高峰。這一切發展的步驟就是所謂文明（Zivilisation）的大躍進，文明意即有目的地以技術和工業來改善生活品質。

這時一盤散沙的德國人眼看鄰近的法國與彼岸的英國，好幾個世紀以來早已是一個統一的民族國家，無不渴望自己也有一個祖國，於是有識之士紛紛鼓吹民族意識，加上世上罕見的人才之領導，德國終於成爲一個統一的民族國家。然後來好景不長，諸多錯綜複雜的因素，形勢比人強，被牽涉陷入了人類史無前例的第一次大災難。之後，有如又從灰燼中的不死鳥重生，再度站起來，令人動容，也令人刮目相看。

第一節　科技大突破

一八〇〇年左右不光只是政治革命和精神、思想變革的時代，還有另一個領域異軍突起，即是近代科技和工業，它們至今在我們生存的年代仍然屹立不搖，更有甚之的仍是目前日新月異，幾達巔峰的科技，更是令人讚嘆不已。當一八三〇年世界第一條鐵路在英國從利物浦（Liverpool）到曼徹斯特（Manchester）開通時，海涅（H. Heine，一七九七～一八五六）讚賞地說：「我們注意到我們的存在完全被導向一個新軌道……在世界史開始了一個新的紀元。」如果海涅活在今天的話，他恐怕要對目前的科技瞠目結舌了。

在晚期中古世紀一些富裕的商業城市，像佛羅倫斯、米蘭、威尼斯、奧格斯堡、紐倫堡、布魯塞爾、倫敦和巴黎等，已將手工製造業擴展成小型的工廠，人口越來越多，對物質和能源的需求也越迫切。十八世紀的英國人口壓力特別大，尋找新的生產方式在那裡導致了發明——紡織機、特別是蒸汽機的發明改變了地球的面貌，現在才有可能將煤礦和鐵礦從地底深處開發出來，這就是工業革命的基礎，而在英國首先居於領導地位。比英國稍晚，在中歐也迅速地發展起工業。

西門子（W. von Siemens，一八一六～一八九二）發現電流發電原理，是強流技術的創始人，一八六六年製造直流發電機，電氣技術廣泛地被使用，並製造深海用電纜。他立刻知道這項發明

西門子（圖片來源：IDJ 圖庫）

的卓越意義，他說：「這部機器將徹底改變一項技術，它將使電的自然力提到一種更高的等級。」一八八六年，物理學家赫茲（H. Hertz，一八五七～一八九四）發現了電磁波，這是收音機和稍後電視的製造原理，以此也奠定了近代資訊技術的基礎。

在化學方面，利比希（J. Liebig，一八〇三～一八七三）發明了化學肥料。凱庫勒（A. Kékulé，一八二九～一八九六）奠定汽油製造的化學基礎。霍夫曼（A. W. Hofmann，一八一八～一八九二）和拜耳（Friedrich Bayer，一八二五～一八八〇）是德國顏料工業的先鋒，直到一九一四年世界顏料需要量的百分之八十強，皆由德國提供。十九世紀中葉有兩個新的工業支脈，即電氣工程學和化學工業，近代生活如果沒有這二項的話是無法想像的；在這兩個領域裡，德國居於領導地位。西門子公司、拉滕奧（Emil Rathenau，一九一五年去世）設立的「通用電氣產業集團」（簡稱 AEG）和它的兩家姊妹公司，「遠傳電信」（Telefunken）和「歐斯南」（Osram）、「巴登苯胺和蘇打（即碳酸鈉）工廠」（簡稱 BASF）、「拜耳」（Bayer）和「赫斯特顏料工廠」（Farbwerke Hoechst）直到今天還繼續有其重要的意義。

一八七六年奧圖（N. Otto，一八三二～一八九一）成功地製造了一具四衝程的汽油引擎。十年後，班茨（C. Benz，一八四四～一九二九）在曼海姆及戴姆勒（G. Daimler，一八三四～一九〇〇）在斯圖加特製造第一批汽車，班茨製造的汽車，在臺灣譯爲「奔馳」（或賓士）汽車。一八九二年狄塞爾（R. Diesel，一八五八～一九一三）在奧格斯堡製造第一具狄塞爾引擎。稍早之前，一位大企業家庫魯普（A. Krupp，一八一二～一八八七）在魯爾區建立了一個世界最大的鋼鐵和機器工廠。

蔡司（C. Zeiss，一八一六～一八八八）和萊茲（E. Leitz，一八四三～一九二〇）奠定了德國光學的聲望。近代醫學如果沒有他們，特別是沒有近代化學的話，幾乎無法想像。拜耳和赫斯特公司成爲世界上著名的藥劑製造者；一八九五年龍特金（W. Conrad Röntgen，一八四五～一九二三）的X—射線①堪稱在醫療知識領域裡最偉大的發現。十九和二十世紀的人口爆炸現象直接源自近代醫學的成就。龍氏係一九〇一年第一個獲得諾貝爾物理獎之人。

Wilhelm Konrad Röntgen.

龍特金（圖片來源：IDJ 圖庫）

①由於當時龍特金根本不知道他所發現的射線是什麼，故他以代表不知名的英文字母X，稱之爲X射線。臺灣沿用爲照射X光，英文則以Röntgen的英文發音，譯爲「倫琴射線」。在德國則沿用發現者的姓名，醫院會要求病人去照Röntgen射線。

工業和技術徹底地改變了德國的面貌，在斯雷西恩、薩克森煤礦區，特別是在魯爾煤礦區，配合著便捷的交通位置，在柏林和在商業港都漢堡形成大工業中心，這些今天仍然支配中歐的經濟。德國從一個農業國蛻變爲工業國，人口暴增及國勢迅速地膨脹，但是也帶來迅速湧現的社會問題。

第二節　文化生活和思想變革

經濟及科學的進步改變了自古以來傳承不變的生活方式，而人的生活方式一經改變，思考方式和感受也不同於以往，自是無庸置疑的。在這種時空環境下，精神思維等文化創作當然會與時俱進，不會再停留於浪漫主義時代，悠遊於夢幻和不切實際的世界。在政治、社會、經濟和科技等的事實題材成爲中心點時，這爲逼眞地描寫「眞實性」提供了一種良好的契機。一八三五年，出現了一部由早逝的天才畢希那（G. Büchner，一八一三～一八三七）所寫的，以法國大革命爲背景的《丹頓之死》（Dantons Tod），以令人感動的力道闡明歷史的宿命論。他寫道：「我們是玩偶，被金屬絲上不知名的權力牽引著，什麼都不是，我們自己什麼都不是！……這世界一團亂。虛無世界是屬於那個被創造出來的神。」像《丹頓之死》一樣，赫伯爾（F. Hebbel，一八一三～一八六三）的多部悲劇作品也圍繞著歷史轉折點的悲劇性衝突。然而這個時期並不再以戲劇或詩歌的表達方式來呈現這種新的「寫實風格」（Realismus），卻是散文當道。十九世紀時是長篇小說最興盛的時期。那時候影響德國最具代表意義的作家，比如有法國的巴爾扎克（Balzac，一七九九～一八五〇）、福樓拜（Flaubert，一八二一～一八八〇）和左拉（Zola，一八四〇～一九〇二），英國的狄更斯（Dickens，一八一二～一八七〇）和哈代（Hardy，一八四〇～一九二八），美國的詹姆斯（James，一八四三～一九一六），俄國的杜思妥耶夫斯基（Dostojewski，一八二一～一八八一）、托爾斯泰（Tolstoi，一八二八～一九一〇）和義大利的維爾加（Verga，一五六二～一六三五）。

在奧地利德語區的作家史蒂夫特（A. Stifter，一八〇五～一八六八）、瑞士德語區的凱勒（G. Keller，一八一九～一八九〇）和麥爾（C. F. Meyer，一八二五～一八九八）、北德的史篤姆（T. Storm，一八一七～一八八八）和馮塔那（T. Fontane，一八一九～一八九八），他們的長、短篇小說作品都是描寫日常生活的瑣事，此類文學作品被定義為「詩詞韻文學的寫實主義」（Poetischer Realismus）。十九世紀文學的暗語則是「眞實」，這些作品當中的一些閃爍著一種引人注目的古典人文主義的光輝。「我在這部作品要寫一種稀鬆平常的、深刻又豐富的生活。」史蒂夫特在他一八五七年的小說《暮年的愛情》（Der Nachsommer）的導言這樣寫著一種伴隨著「純人性」的生活。這一部具有教育性質的小說，就像是一種最後的嘗試，要在已經是令人震撼的工業時期，挽救雷辛和歌德的教育理念。

十九世紀末時，技術和工業越來越強烈地侵襲所有的生活領域；科學就像以前只有宗教一樣，變成精神的權威。英國的自然研究者達爾文（C. Darwin，一八〇九～一八八二）發表了「物競天擇，優勝劣敗」的學說。那人難道不能推斷，人也只是一種生物，歸根結柢也是一種物質？馬克思特別在人民中散布這種物質主義的哲學：「人主導宗教，宗教不能主導人，宗教是人民的鴉片。」相信一種神的造物者和一種在世界上的精神準則似乎被判死刑了；取而代之的是信任科學、相信物質。從表面上來看，一八七一年戰勝法國，建立帝國是一種輝煌的成就；一種經濟的空前蓬勃發展帶來財富和權勢，但是這種新的光澤只是門面上的，其底下掩蓋著虛榮的愛國主義、富人對金錢和權勢的貪婪及窮人極端貧困的生活。「自然主義」的文學即是這種真相的一面鏡子。法國、斯堪地那維亞的大文豪，比如左拉、易卜生（H. Ibsen，一八二八～一九〇六）和俄國的杜思妥耶夫斯基以不加美化的語言描寫窮人困苦的生活，這些人是德國作家的榜樣。

「我幫忙把他抬進屋裡，一團硬化的、散發著化學惡臭的破爛衣服，他已經死了。」豪普特曼（G. Hauptmann，一八六二～一九四六）這樣地在他的一部令人震撼的舞臺劇裡描寫在一座工廠裡的一個工人之死。這部劇名爲《織工們》（Die Weber）的戲劇於一八九三年上演。它的主題是貧窮的斯雷西恩的織工們反抗他們的工廠主人；它的主角不再像是在席勒或歌德的戲劇裡的一個擁有強壯及自由的個性，卻是一群無名的群眾，無助又絕望的人。德國著名的女畫家柯爾威茨（K. Kollwitz，一八六七～一九四五）一系列的「織工起義」（Der Weberaufstand，一八九五～一八九八）的畫作是自然主義藝術的巔峰之作。

一九〇〇年左右在德國形成一個「新古典主義」（Neuklassizismus）文學流派。它反對自然主義、印象主義和頹廢文學，主張恢復古典主義的藝術傳統。提倡一種具備客觀的描寫、規定的形式和典範的語言之「古典」文學。認爲文學創作應該像古典主義那樣，以符合眞善美理想的道德價值觀念爲基礎。三位有創造性的作家其抒情詩約在一九〇〇年左右產生了極大的影響：李爾克（R. M. Rilke，一八七五～一九二六）、葛奧格（S. George，一八六八～一九三三）和霍夫曼斯塔爾（H. von Hofmannsthal，一八七四～一九二九），他們的思想和法國象徵主義者類似。就像李爾克孤獨的詩歌主題：神、愛情和死亡，但是這些祕密不再能被解決，即是這些詩人再一次嘗試建立「內心的王國」，建立一種能脫離一再構成威脅、謎樣的眞實的王國。一九〇一年湯瑪士・曼第一部偉大的小說《布登勃魯克家族》（Die Buddenbrooks）出版了，一度曾富裕且幹練的布登勃魯克商業家族由於敏感的藝術家漢諾（Hanno）的早逝而趨於沒落，有特殊才華的人（指漢諾）無力對抗他受盡折磨的生活，「精神」和「生活」無法和諧地聯結在一起，這也是曼氏寫作的主題。

幾乎沒有另外一部作品能像卡夫卡（F. Kafka，一八八三～一九二四）一樣將危機的明顯徵兆呈現出來。在他幻想的作品裡，他表達了近代人類在二十世紀和兩次世界大戰中生活在專制獨裁裡，處於無助和受了無名力量的威脅的這種恐懼眞相。

第十章

統一後迄今的德國概況

一戰後的德國，經過短暫十四年的威瑪共和國，之後，很不幸地被法西斯獨裁所取代，使德國人及全世界再遭受一次史無前例更大的浩劫；德國歷史一再地被改寫，似乎是命中註定的。

二十世紀的思想變革到目前已然進入二十一世紀初期，科技已幾乎達於巔峰，標示著人類更新的一個里程碑。歷經第二次的戰敗、被分裂成兩個截然不同的體制，四十年之後，又在偶然的契機下，讓人似乎覺得是一夕之間又統一了。這種歷史上的「合久必分，分久必合」的天下大事，德國人應該是最能領會了。尤其目前有二十八個成員國的「歐盟」（EU），以德國爲龍頭老大；德國的政治地位不言而喻，目前德國已收留了破百萬的難民，德國似乎成爲世界上最適合居住的地方了。最後這一章節從四個層面簡介統一後迄今的德國之現況。

第一節 國家體制

在第一次前蘇聯封鎖柏林（一九四八年六月二十四日至一九四九年五月十二日）的危機解除之後，美、英、法決定給予他們的占領區政治獨立權。

一、政體結構

1. 基本法

西德各邦的國會議員們起草制定法律，基於日後有一天會與東德統一的希望，遂將「德國憲法」定名為「基本法」（das Grundgesetz）。並於一九四九年五月二十三日生效。基本法開宗明義即為「國家所有的一切權力皆由全體人民賦予的……全體德意志人有權自己決定完成德國的統一和自由。」於是戰後四年在西方控制的西占區十個邦聯合成立了「德意志聯邦共和國」（die Bundesrepublik Deutschland），簡稱西德。

西方戰勝國和基本法的制定者都在思考一個問題，要如何防止一個新的獨裁政權再成立？希特勒，還有威瑪共和國多多少少是一個由中央統治的國家。聯邦共和國（西德）採取分散為十個邦的方式來治理。地處德、法邊界的薩爾區，第二次世界大戰後，成為法國的占領區。一九五五年十二月十八日的薩爾邦議會選舉，薩爾居民以壓倒性的多數票決定重歸德國。一九五七年一月一日薩爾區正式併入西德。以上這些邦都有各自的議會和政府。

地位較特殊的是柏林（西邊）。大柏林像一座孤島座落在東德的土地上，美、英、法控管的西柏林，其憲法、經濟和文化都與西德結合在一起的，然而它在西德的國會卻無法享有一個邦的全權。

基本法也規定如果東德願意加入（西德）的話，本基本法也適用於東德公民。

2. 憲法組織

(1) 聯邦總統（Bundespräsident）

第一任的聯邦總統是特奧多．賀斯（Theodor Heuss，一八八四～一九六三）。鑒於威瑪共和國的總統在緊急事件擁有非常大的全權，這可能導致他濫用權力及輕易地造成獨裁。因此德國的最高元首——總統僅有對外代表國家的義務。

(2) 聯邦眾議院（Bundestag）

眾議院是代表全體人民的行政機構，眾議員由全體人民以普遍、直接、自由、平等及祕密的投票方式選出。爲了防止不再有像希特勒那種無意義的帝國議會，基本法委託眾議院在一個民主的國會裡，代表人民行使全部的權利和義務。它的任務爲制定法律、選舉政府首腦，即聯邦總理，以及監督政府。

(3) 聯邦參議院（Bundesrat）

代表各邦（十六個邦）的是聯邦參議院，它是由各個邦政府的成員所組成的，他們參與邦的立法及協助管理邦的事務。

(4) **聯邦政府**（Bundesregierung）

聯邦政府即「內閣」，它是由聯邦總理和由他（總理）選出各部會的部長，與他們一起組成聯邦政府。基本法明令各部會的設立：外交部、聯邦內政部、司法部、財政部和國防部。後面三個部門的職權（責）範圍基於憲法而設立的。聯邦總理確定聯邦政策的方針。各部會首長依此方針獨立行使職務並全權負責。

(5) **聯邦憲法法院**（Bundesverfassungsgericht）

聯邦憲法法院是德國的最高法律機關。它的任務是監督基本法的實施情形。當聯邦與各邦、或邦與邦之間發生了紛爭時，並不是由總統、總理或國家的黨派來調解，而是由聯邦憲法法院來裁決。

各邦的國會和政府、聯邦眾議院、聯邦參議院、聯邦憲法法院和聯邦政府個個都是獨立的機構，之所以採取分權的含義是基於限制政府的權力和防止它們濫權。在聯邦共和國成立時，二百多年前法國的思想家孟德斯鳩（Montesquieu，一六八九～一七五五）就曾在他的書《法意》（Esprit des Lois）說過：「只有政府限制權力，才有政治自由。」聯邦共和國接受了分權的準則，以此它下意識地豎立了西方民主的傳統。

3. 聯邦制度

一九九〇年統一後的德意志聯邦共和國由十六個邦組成。德國一直是將國家劃分成幾個邦來治轄的，但是其版圖在近百年來一再地變更。在近代史上最重要的改變要數十九世紀初的一場拿破崙之戰、一八六六年的普魯士—奧地利之戰、第一次和第二次世界大戰。這一連串的戰爭使德國的版圖擴充、分裂，使普魯士帝國瓦解。今日各邦的雛形大部分是一九四五年底定的，係奠定於舊有的人文景觀與歷史基礎上的。

在德國正式統一以前，聯邦共和國（西德）是由當時西方（美、英、法三國）占領區的十一個邦組成的。在前蘇聯的占領區則成立了由五個邦組成的德意志民主共和國（東德）。但這五個邦在一九五二年則由東德納入中央集權管轄中。於一九八九年一場自由、民主的十月革命中，人民呼籲重新建立以前的五個邦；在德國即將統一時，這五個邦在一九九〇年三月十八日第一次的自由選舉時，東德人民決定建立五個新邦。它們本質上保留一九五二年以前的架構。一九九〇年十月三日德意志民主共和國連同其布蘭登堡、美克連堡—佛波梅爾、薩克森、薩克森—安哈特及圖林根這五個邦完成加入德意志聯邦共和國的手續；東柏林和西柏林也合而為一成為一個邦①。

德國十六個邦可說皆是各自管理的邦國，各邦的權限直接涉及公民的日常生活。各邦有自己的憲法。它們主要是行使「文化主權」，這即是說，它們在教育及高等教育事業領域頒布自己的各種法律。此外，它們主要負責地方法規及警察事務法規。

各邦在行政管理方面也具有廣泛的權限。除了執行自己的邦法律之外，各邦當局也把執行聯邦的法律作爲自己的事務。根據「基本法」第八十五條受聯邦委託執行「委託」管理，例如各邦根據聯邦的委託行事，並由聯邦支付費用。

以下從北往南依地理位置列出十六個邦的邦徽、面積、邦首府及該邦位置圖。

(1) 石列斯威－霍爾斯坦（Schleswig-Holstein）

面　積：15,729 qkm
邦首府：基爾（Kiel）

(2) 漢堡（Freie und Hansestadt Hamburg）

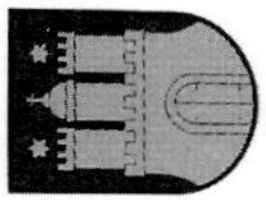

面　積：755 qkm
邦首府：漢堡（Hamburg）

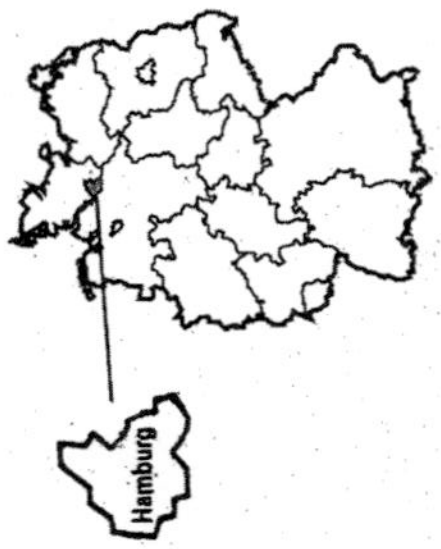

---

① 西柏林由美、英、法三國共管，在未統一前的德國係屬於一個特別行政區，它座落於東德布蘭登堡邦內，形同一個孤島。

(3) 美克連堡—佛波梅爾（Mecklenburg-Vorpommern）

面　積：23,170 qkm
邦首府：斯維林（Schwerin）

(4) 下薩克森（Niedersachsen）

面　積：47,338 qkm
邦首府：漢諾威（Hannover）

(5) 不來梅（Freie Hansestadt Bremen）

面　積：404 qkm
邦首府：不來梅（Bremen）

(6) 薩克森—安哈特（Sachsen-Anhalt）

面　積：20,445 qkm
邦首府：馬格德堡（Magdeburg）

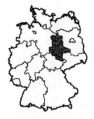

(7) 布蘭登堡（Brandenburg）

面　積：29,479 qkm
邦首府：波茨坦（Potsdam）

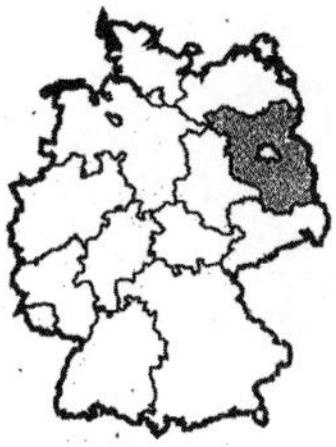

(8) 柏林（Berlin）

面　積：889 qkm
邦首府：柏林（Berlin）

(9) 北萊茵—威斯特法倫（Nordrhein-Westfalen）

面　積：34,080 qkm
邦首府：杜塞多夫（Düsseldorf）

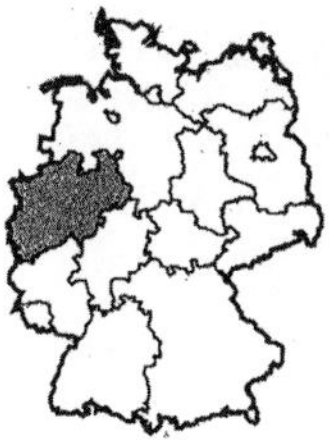

(10) 黑森（Hessen）

面　積：21,114 qkm
邦首府：威斯巴登（Wiesbaden）

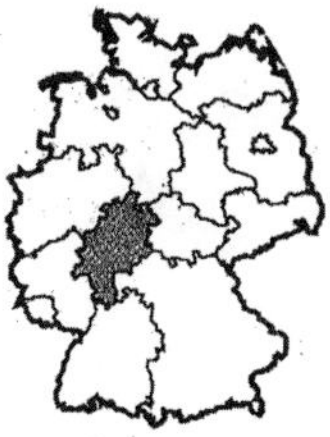

(11) 圖林根（Thüringen）

面　積：16,171 qkm

邦首府：艾佛特（Erfurt）

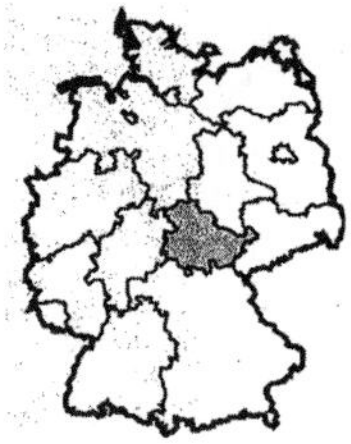

(12) 薩克森（Sachsen）

面　積：18,413 qkm

邦首府：德勒斯登（Dresden）

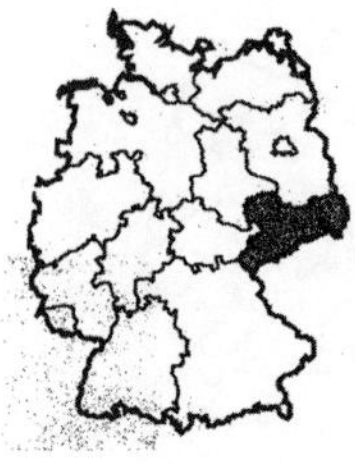

(13) 萊茵蘭—普法茲（Rheinland-Pfalz）

面　積：19,849 qkm

邦首府：美因茲（Mainz）

(14) 薩爾（Saarland）

面　積：2,570 qkm

邦首府：薩爾布律肯（Saarbrücken）

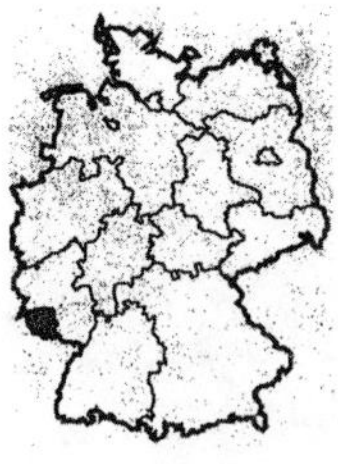

(15) 巴登—烏騰貝（Baden-Württemberg）

面　積：35,751 qkm
邦首府：斯圖加特（Stuttgart）

(16) 巴伐利亞（Freistaat Bayern）

面　積：70,552 qkm
邦首府：慕尼黑（ München）

二、德國的象徵和標記

1. 國旗

黑、紅、金黃三色，且以平均的三等分排列的國旗，於一八一三年六月十七日第一次出現在萊比錫對抗反拿破崙的解放戰爭。軍隊的制服即是黑色的外套，紅色的流蘇，配上金黃色的鈕釦。後來這三種顏色以黑、紅、金黃三色條紋做成一面旗幟。德國各地大學生於一八一五年後，組成一個統一與自由運動的「學生社團」（Burschenschaft）組織，他們的口號是：榮譽、自由和祖國。他們要以自己的方式參與德意志祖國統一運動，選擇了黑、紅、金黃三色作爲運動的標誌。一八七一年成爲德意志統一運動的旗幟，一八八八年，法定通過爲德意志國旗的顏色，並曾在一八四八年的法蘭克福國民會議及一九一九年威瑪共和國時期，兩次暫時當作國家的標誌。第二次世界大戰後，一九四九年德意志聯邦共和國（西德）也以此爲國旗[2]，一九九〇年分裂長達四十五年的德國以和平方式統一，這面三色旗飄揚於全德國境內。

2. 國徽

德國的國徽爲金黃底上的黑色老鷹，鷹爪和喙塗上紅色。老鷹這種猛禽自古以來即象徵著勇猛及權勢，爲各帝國及王公諸侯所喜愛之最高權力象徵。早在西元八〇〇年，卡爾（查理曼）大帝就曾用鷹作爲帝國標誌。鷹徽後來演變爲德國的象徵。德意志帝國及西德也以老鷹圖樣爲國徽。

3. 國歌

德國詩人華勒斯雷本（A. H. H. von Fallersleben，一七九八～一八七四）於一八四一年八月二十六日於赫爾果蘭島（Helgoland）

德國國徽（圖片來源：IDJ 圖庫）

度假寫的《德國之歌》（Deutschlandlied），又名《德國人之歌》（Lied der Deutschen），後由海頓[3]譜曲，自一八七〇年以來即被傳唱不輟，一八七一年德國統一後，被當成國歌。

華氏作此詩歌時，並不把它當成國歌，他只在詩裡描述他所處的時代之政治和語言關係，身爲德國人的光榮及對祖國的熱愛，呼籲全體德國人團結起來。華氏去世五十年後，此首歌於一九二二年八月十一日由威瑪共和國定爲國歌，華氏方聲名大噪。在華氏寫下此詩的一百年後，第一小節歌詞中描述「從馬斯河（Maas）到梅梅爾（Memel），從艾齊河（Etsch）到貝特（Belt）」這兩行詩被希特勒誤用在他的擴張政策裡。其實華氏當時只是純粹表示這些地方都可以聽到講德語。

一九四五年德國戰敗，這首歌被當時的盟軍政府禁唱。德國被分成四個占領區，說德語的地方不再像華氏當時所描寫的地方那麼廣袤了。戰後有七年之久，德國沒有國歌，然後又由總統再次宣布《德國人之歌》是德國的國歌。誠然，在正式的場合只能唱第三小節的

②東德也以此三色旗爲國旗，並在旗幟的中間加上共產黨國家的鐮刀與稻穗標誌。

③本曲採用海頓（Joseph Haydn，一七三二～一八〇九）作品「皇帝四重奏」（Kaiserquartett Hob. Ⅲ :77）七十七號中第二樂章，十分華麗動人。本曲意境簡潔明快、幽雅精鍊、節奏流暢愉快。聆聽時，愛國的民族主義感油然而生。

歌詞。自從那時以來，海頓美妙的旋律又在官方的場合迴響起來。第三小節的歌詞譯文如下：

Einigkeit und Recht und Freiheit
für das deutsche Vaterland!
Danach lasst uns alle streben
brüderlich mit Herz und Hand!
Einigkeit und Recht und Freiheit
sind des Glückes Unterpfand –
Blüh' im Glanze dieses Glückes,
Blühe deutsches Vaterland.

統一、權利和自由
給德意志人的祖國！
之後，讓我們大家努力
如兄弟般心手相連！
統一、權利和自由
是幸福的保證——
這幸福的光彩怒放著，
德意志人的祖國欣欣向榮。

4. 國慶

分裂後的東、西德各自在一九四九年成立政權。西德在一九四九年五月二十三日「基本法」生效，可以此日爲其國慶；東德在一九四九年十月七日成立，此日即爲其國慶。兩德於一九九〇年十月三日完成法律程序，合而爲一個德國，故以此日爲「新德國」的誕生紀念日。

第二節 德國的經濟概況

德國是輸出導向的貿易國。有五分之一的職業和外貿有關。最重要的經濟中心是魯爾區，它現在的重心是轉向高技術和服務業。慕尼黑和斯圖加特爲高技術和汽車業之中心，濱臨萊茵河到內卡河之間的一些城市則是化學業的重心，濱臨美因河的法蘭克福則是經濟重心。漢堡、科隆則是港口、空中巴士——飛機製造及資訊媒體業的重心，柏林和萊比錫則是政治及經濟重心。

經濟和財政政策的形態及協調依照聯邦的制度，是國家、各邦和各鄉、鎮、區的共同任務。德國實施「社會市場經濟」，它的基本綱領是以一個市場經濟自由爲準則，並以社會政治的平衡措施加以補充。這樣之後，在一方面於市場中基本上有可能自由發揮其競賽的力量。另外一方面國家保證面對風險時，它是一張有保障的社會網。社會市場經濟不同於舊有的「放任經濟」，也不同於政府控制式的經濟制度。社會市場經濟制度是在社會進步的原則之下，包容了各個進取的「營利單位」（Freie Initiative）在經濟活動當中競爭。

德國可算是個最重要的經濟所在地之一：在就業/企業方面提供良好的條件、有近代化的基本設施、研究和高水準地發展。這些有利條件也很受外商青睞，外商公司賞識德國市場的優點，因此足足有二萬二千家國際企業座落於此，而這其中有五百家是全球最大的企業。一項國際性就職業、工作所在地的評比結果，顯示德國特別在研究、發展、對業務上有能力的培訓和物流方面皆名列前茅。再加上中心的地理位置（德國位於中歐）、基本設施、法律保障和勞動力，成爲外國投資商最具吸引力的投資地點。

德國整體的經濟發展趨勢堪稱良好，積極地推展勞力市場政策、降低附加稅、適度地改革勞工法，特別是在解雇通知方面的保護、加強年輕人的培訓及提高素質方面，這些都帶來了正面的效果。德國早已不是高賦稅的國家，在國際上與其他國家比較之下，平均值已降低不少，在收入和利潤方面的徵稅，德國都遠比其他歐洲工業國來得低。

德國專門發展和製造全面性的工業物品，特別是資本貨物（指生產工業品所需的生產材料）和革新式的工藝產品。最重要的工業支脈依序是汽車製造、機器製造、電子技術和化學工業，再其次爲服務業和文創業。光前面四個行業就有二百九十萬人在工作，銷售額超過八千億歐元。

第三節 德國社會的變遷

德國是個現代化及向世界開放的國家。它的社會特徵是生活方式的多元化和多種族文化。共同生活的形式多樣化，個人自由空間也擴大了不少。傳統的兩性角色被打破了。雖然社會劇烈地變化，家庭還是社會最重要的聯繫團體，並且青少年和父母之間的關係也非常密切。

德國人男、女、老、幼平均皆受過良好的教育，根據聯合國的調查，德國人的平均壽命、識字程度和人均收入在高度開發中的國家名列前茅。健保制度完善、社會安全保障方面有醫療、照顧、意外、老年照護和失業保險等。這樣的一個福利國應該沒有什麼隱憂才對，尤其統一後，國勢更強大了。事實上根據人口統計的結果有三項趨勢成爲德國的隱憂：1.爲出生率降低，2.爲估計的平均壽命延長了，及3.爲社會的老化。上升的平均壽命和一再降低的出生率導致第三個趨勢。

統一後的這二十六年左右，德國社會的確發生巨變。女性地位提高、二十世紀初的三代或四代同堂的傳統家庭結構早已消失了，德國人對於兩性角色、婚姻、家庭及職業的看法全然改觀了。德國女性受教育的程度不只趕上男生，甚至還超越男生，有更多的女人投入職場生活。二〇〇八年生效的「新離婚法」，對於女人有一項重要的規定，即是女人要具有能夠生活的能力，因此有職業對女人而言是重要的。從職業來看，在德國有工作、職業的人士裡，女性已經占了45%。因此對伴侶品質的要求相對提高，這也就是爲什麼在過去的幾年裡，大約每三對婚姻有一對決定要離婚。在這種趨勢之下，非婚姻關係的同居生活卻明顯地增加了。所以非婚姻關係的小孩增加了，在一百六十萬個單親家庭裡，單親媽媽占了90%。還有法律認可的同性婚姻數據也明顯地增加，根據二〇〇七年的資料顯示，同性婚姻共有十六萬對。

在外籍人口的移居方面，二戰後的早期，德國缺乏勞力，故從國外引進所謂的「客籍工人」（Gastarbeiter），戰後一九五〇年代的經濟復興是這些移居到德國的工人的貢獻，那時期的土耳其客籍工人後來大都返回他們的故鄉，但是也有許多人留在德國繼續生活和工作。後來又有許多土耳其人及南歐等地區或巴爾幹半島的人移居到德國。另外一種遷入者是當年被迫遷居到早期的蘇聯、羅馬尼亞和波蘭生活的德國人，他們在共產制度崩潰後，紛紛地又遷回到德國來，目前有一千五百萬具有移民背景的人住在德國。這些人數是加上在德國誕生的移入者第二代或第三代的小孩，他們之中，大約有七百萬是外國人；整整有八百萬人擁有德國籍，因爲雙親有一方是德國人，所以一出生即擁有德國籍。

另外一個社會問題是東、西德人在邁入第二十六年的統一還在磨合中。無論哪一個政黨執政，都沒有忽略東部的建設，比如修建住宅、高速公路、鐵路、橋樑等基礎設施，提高東德人的工資和退休金。但是東部並沒有像統一總理柯爾（H. Kohl，一九三〇～）許諾的那樣，很快地成爲和西部一樣的「繁榮之地」，不過東部確實也有比SED政權統治時期好很多很多了。爲建設東德，西德人從一九九一年開始繳交一項名目爲「統一團結附加稅」，從薪水中尚未扣除稅款等的7.5%，當年柯爾許諾只交一年即可，但東德地區實在太破爛了，一直到一九九八年都是7.5%，一九九九年迄今降爲5.5%。這一項負擔、再加上長久在兩種南轅北轍的制度下生活，觀念差異之大，衍生出互相貶抑對方的成對名詞：東德佬（Ossi）及西德佬（Wessi）與「牢騷滿腹的東德佬」（Jammerossis）及「自以爲是的西德佬」（Besserweissis）。也許隨著時間的消逝，會慢慢改變觀念。但令人莞爾的卻是目前德國的總統及總理都是東德人出身，因此民間笑談：兩位東德佬領導西德的菁英分子。

第四節　教育體系、學術與研究

普魯士邦國的毛奇將軍曾說過：「普魯士的勝利早就在小學教師的講臺上實現了。」從這句話可看出德國對教育的重視。目前德國的教育權限由十六個邦各自管轄。其學校制度的幼稚園不屬於國家的學制組織，由家長自由決定入學與否。基礎小學的教育是六足歲至十歲的幼童必須接受四年制的基礎（初級）小學教育。

現在大部分的學生先上兩年定向學校（五年級和六年級），以便在這兩年內好好考慮，以後選擇哪一類型的中學。德國中學共有四類，1.爲五年制普通中學，大部分的學生在基礎小學結束後，直接進入普通中學，這是爲日後的職業教育作準備。畢業後不能直接工作，還必須接受二至三年的職業教育。2.是實科中學，六年制的實科中學爲培養中等階層之一般公務員、行政、商業或管理方面的人才。畢業以後可以進入職業專科學校或高級專科學校繼續深造。3.文科中學，一稱完全中學，這是德國一種傳統的「高級中學」。文科中學設有三個學科：(1)語言──文學──藝術，(2)數學──自然科學，(3)技學──社會科學。學生必須在每個學科中選擇一門自己感興趣的重點課程。九年結業後，通過筆試及口試的畢業會考，取得一張「畢業會考及格證書」（Abitur），即可憑此證書申請進入高等學府裡的任何一個科系就讀。4.綜合中學是一種新型的改革學校，它是把以上三種傳統型中學的特色融合在一起。畢業後，可依其所得的文憑進入職業學校、職業專科學校或申請大學就讀。

德國職業教育的成功，一向爲各國所稱道，並爲各國考察德國教育的重點。二戰後，德國的復興建立在教育的基礎上，尤其是職業教育的成功。大部分的年輕人從普通中學和實科中學，也有從文科中學畢業的學生決定轉換跑道，接受職業培訓。這是一種國家認證的、實行「雙軌制」的職業教育。雙軌制有兩個重要特徵：一爲大部分不是在學校學習，而是在各生產工廠、經濟方面的服務單位、企業、工廠或是在公家機構實習。二爲學徒除了在上述各企業等處接受培訓之外，還必須每週去職業學校上一至二天課。最主要是接受並補充專業理論方面的教育，增加一般的常識。學校教育的重點，在專業課程方面占了三分之二強，大約三分之一是一般課程。在德國全部的經濟領域裡有將近五十萬個企業，還有自由業及公家機構皆提供實習的機會。

目前在德國共有三百八十三所大學、工科學院、工科大學、特殊專業學院、教育學院、高等專科學校、藝術及音樂學院和大學——綜合學院。可憑 Abitur 的畢業成績申請就讀自己想要讀的科系。一年有夏季學期和冬季學期。學生可自由選課。教授上課幾乎不會點名，也沒有平常考、期中考或期末考。學生必須自己計畫要拿什麼等級的學位，通常都是學生主動去找教授，告知要拿什麼樣的學位，需要哪幾個科目的成績單及與教授寫哪一個等級的學位論文。統一以後，國家挹注一大筆錢重新建設或補強新邦的大學，由於教學的軟、硬體等設備大大地改頭換面，成爲目前德國欲就讀大學的學生之首選。

德國從事研究工作的有 1.高等學府，2.科學研究機構，3.工、商業界。在大學裡有一句由普魯士邦國的教育改革家洪堡德（W. von Humboldt, 1767-1835）喊出的口號：「教學與研究並重。」統一以後，除了高等學府和大學之外，一共還有八十八個研究機構，這些研究機構有一些完全由國家資助，或有些大部分也由國家支持。在新邦的大企業特別指示要做好介於學術和經濟之間的研究，一些沒有自己的研究部門的中型公司，它們則和高等學府及研究機構在革新產品的方面合作。比如歷史最悠久的馬克思—普朗克協會（Max-Planck-Gesellschaft）④在它大約六十個機構裡，固定有超過一千多位不只是來自歐洲國家，也有來自世界上其他的科學家在工作。馬克思—普朗克協會（簡稱 MPG）也成功地在一些新邦設立了機構。今天在德國東部有二十二個 MPG 機構和研究所。其密度跟在德國西部一樣，有來自外國的研究所所長（占 42%）和科學合作者（占 30%）。在馬克思—普朗克機構高度的參與率，明顯地指出這個協會有極度的吸引力特性，還有它也是個國際性的研究機構。

第五節　從戰後及東德的文學到整體德國的文學

當戰爭和屠殺猶太人的慘事結束時，策蘭（P. Celan，一九二〇～一九七〇）僥倖逃過一劫，他寫了一首有關他的父母及他的猶太籍朋友慘死在集中營的詩：「我們在黎明時喝黑牛奶晚上也喝／我們中午和早上喝它我們深夜喝它／……死神是一個來自德國的大師」。在一場戰爭之後，這首震撼人的詩歌，以死神是「來自德國的一位大師」開啓了德國抒情詩的創作。一九四七年二月十三日，西德的北德廣播電臺第一次播出年輕、患重病的歸鄉人波歇特（W. Borchert，一九二一～一九四七）的廣播劇《門外》（Draußen vor der Tür），描述一位殘廢的士兵，回到已成廢墟的家，父母去世了，太太跟人家跑掉了，他絕望地想跳河自殺，這時有一種神祕的聲音鼓勵他活下來。

同樣是這一年的十一月底，在被炸毀的法蘭克福上演了一齣由楚克邁爾（C. Zuckmayer，一八九六～一九七七）描寫一位德國軍官悲劇性的自殺之戲劇《魔鬼的將軍》（Des Teufels General）「您相信上帝嗎？……／我不知道……我不認識他，但是我認識這位魔鬼。我看過他，面對面的」，以這樣的控訴反戰和反希特勒開啓了一九四五年後的德國戲劇創作。大約同時出現了一些「被騙了的年輕世代」們的第一梯次多篇敘述作品。像波歇特、波爾（H. Böll，一九一七～一九八五）和其他的作家在他們的日記和短篇故事集描寫一個經由災難被毀滅的世界。這些有幸從戰場回來的歸鄉人描寫他們親歷的戰爭及返鄉後所看見的一切，被稱爲「廢墟文學」（Trümmerliteratur）。

---

④此協會以於一九一八年獲得諾貝爾物理獎的馬克思．普朗克命名。

這期間被迫流亡國外的作家則發表了一系列他們在德國還不爲人知的作品，赫塞（H. Hesse，一八七七～一九六二）一九四二年發表的《玻璃珠遊戲》（Das Glasperlenspiel）敘述一個和諧與有秩序的烏托邦世界。曼於一九四五年發表的《浮士德博士》（Doktor Faustus）象徵德國的命運。信仰馬克思的西格斯（A. Seghers，一九〇〇～一九八三）的《第七個十字架》（Das siebte Kreuz）敘述七個從集中營絕望的逃亡者命運。布雷希特（B. Brecht，一八九八～一九五六）一九三九年的兩部劇作《伽利略的生活》（Leben des Galilei）和《勇氣媽媽》（Mutter Courage）及一九四〇年的寓言劇《四川好人》（Der gute Mensch von Sezuan）都是針對災難時代的教導劇。

一些被禁止寫作，但留在德國的作家，比如施奈德（R. Schneider，一九〇三～一九五八）、柏根古倫（W. Bergengrun，一八九二～一九六四）或是朗格雷塞（E. Langgräser，一八九九～一九五〇）及凱斯那（E. Kästner，一八九九～一九七四）在這苦難的時期，仍然保護著基督教或人文主義的傳統。就連在廢墟時期的波爾（H. Böll），也敘述著無意義的戰爭，但仍然深信「希望」，不否定生命的意義。

經由歸鄉的被放逐者，特別是布雷希特使德語區的瑞士再度成爲一個新的文化中心。兩位瑞士時評性的劇作家，佛利希（M. Frisch，一九一一～一九九一）一九五八年的《畢德曼和縱火者》（Biedermann und die Brandstifter）和杜倫馬特（F. Dürrenmatt，一九二一～

一九九〇）其一九五六年的《老婦返鄉記》（Der Besuch der alten Dame）及一九六二年的《物理學家》（Die Physiker），直到今天在西方世界幾乎所有的戲院都列爲必上演的劇碼。《物理學家》敘述一位核子物理學家研究出一種能夠發明一切的萬能原理，由於擔心他的研究被政治家利用去毀滅人類，他帶著手稿裝瘋賣傻躲進瘋人院，有兩個特務要竊取他的研究成果，也裝成瘋子混進瘋人院，沒想到瘋人院的女院長早已複製了他的手稿。

漸漸地，世界上的灰燼和廢墟消失了；德國希望有一個新的開始，在和平、自由和統一之下有一個更美好的未來。有共產主義思想的作家貝歇爾（J. R. Becher，一八九一～一九五八）的：「從廢墟中站起來／並轉向世界，／讓我們爲你謀福利，／德國，統一的祖國。」應該成爲新德國的國歌，然而「和平」仍然岌岌可危、自由面臨威脅，希望一個「統一的祖國」仍然不能實現。

一九四七年十一月，有一批從戰場回來的作家在阿爾郭（Allgäu）組成一個「四七文學社」（Gruppe 47），稍後許多具代表意義的作家也屬於這個文學圈。大家共同的經歷是戰爭、毀滅和壓迫，他們控訴社會的不公正和強權。波爾的小說即以此爲主題，這位道德家和人文主義者以寫於一九七一年的小說《與女士的團體照》（Gruppenbild mit Dame）榮獲一九七二年的諾貝爾文學獎。主題和波爾類似的連茲（S. Lenz，一九二六～）寫於一九六八年的《德語課》（Deutschstunde）敘述一位監獄裡的年輕囚犯，被罰寫一篇題目爲「義務的喜樂」，他描寫在希特勒時期當警察的父親盲目執行納粹的命令，對一個在戰爭中救過他性命的畫家進行迫害的經過，以傳統的敘述手法，剖析和批判了長期被當作「德意志品質」宣揚的「忠於職守」之思想。葛拉斯（G. Grass，一九二七～二〇一五）寫於一九五九年的長篇小說《錫鼓》（Die Blechtrommel）展現了一九二四～一九五四年間德國的社會現實，並於一九九九年以此部小說榮獲諾貝爾文學獎。

那時除了戲劇之外，搬上舞臺的還有「文件戲劇」，一九六三年有霍赫福特（R. Hochhuth，一九三一～）的《代理人》（Der Stellvertreter），追究羅馬天主教會與教皇在納粹「徹底解決猶太人」問題上應負的責任。基普哈特（H. Kipphardt，一九二二～一九八二）寫於一九六四年的《約・羅伯特・歐本海默爾事件》（In der Sache J. Robert Oppenheimer），以美國一九五四年審訊原子物理學家，抨擊美國政府迫害進步人士的暴行。魏斯（P. Weiss，一九一六～一九八六）於一九六五年寫的《調查》（Die Ermittlung）審訊當時在波蘭的奧許維茲（Auschwitz）集中營的迫害事件，劇中出場的十八名被告都是真人真姓，幾乎真實地呈現在舞臺上。

戰後十年，抒情詩作寫得最好的是本恩（G. Benn，一八八六～一九五六），作品都用表現主義手法，描寫資本主義社會中知識分子的孤獨感和恐懼心理。人們將本恩那一代的抒情詩當作「存在文學」，一種以詩的文字寫出讓人感到存在的理由，並嘗試把不能說出來的變成可說的。擅長寫作抒情詩的奧地利女作家巴赫曼（I. Bachmann，一九二六～一九七三）其詩作充滿謎樣的圖畫語言。

德國文學是「介於自由和國家服務之間」這一句制式用語簡要地說明東德作家的境遇。SED黨慷慨地允諾其作家的創作，但是作家們必須在教育人民有社會主義思想上通力合作。

布雷希特去世之後，米勒（H. Müller，一九二九～）和哈克斯（P. Hacks，一九二八～）被認爲是東德最具代表意義的作家。米勒的劇作多反映社會主義建設中的問題，深受布雷希特的影響，具有明顯的宣傳作用。哈克斯所寫作的戲劇都是以馬克思理念出發的歷史劇，如一九五六年的歷史劇《羅波濟茲之役》（Die Schlacht bei Lobositz）。

施特利特馬特（E. Strittmatter，一九一二～）的長篇小說《蜜蜂腦袋歐勒》（Ole Bienkopp）敘述農人歐勒在與階級敵人鬥爭時，犧牲自己，但也與國家不可動搖的官僚體系對抗，並在他的村莊成立了一個工作和生產的社會合作社。很少能夠有一部比沃夫（Christa Wolf，一九二九～一九八九）一九六三年的作品《分裂的天空》（Der geteilte Himmel）同時引起東、西德熱烈地討論，它的主題是兩個戀人由於國家的分裂，而不得不忍痛分離。小說採用意識流手法表現人物的思想活動和內心奧祕。出版後，曾引起熱烈討論，譯成多種文字，次年即被搬上銀幕。但沃夫一九六八年寫就的《關於克莉絲塔T.的思考》（Nachdenken über Christa T.）則被禁止出版。

東德兩位作家阿倫特（E. Arendt，一九〇三～一九八四）和胡赫爾（P. Huchel，一九〇三～一九八一）的抒情詩則被禁止出版。歌曲作家和歌唱家畢爾曼（W. Biermann，一九三六～）因常批評政府，一九七六年應邀赴西德演唱，政府趁機將他驅逐出境。其他作家聯名抗議，則被斥責、處罰或被罰「禁聲」。於是短篇小說家海姆（S. Heym，一九一三～）、施奈德（R. Schneider，一九三二～）、其他的藝術家和作者，如昆茨（R. Kunze，一九三三～）或是貝克（J. Becker，一九三七～）選擇流放到另外一個被分裂的國家。另外一位著名的女詩人基爾希（S. Kirsch，一九三五～）就像她在一九七九年所寫的詩《分離》（Die Trennung）一樣，也離開了她的故鄉。

一九八一年十二月是兩德作家和藝術家自一九四七年第一次分開以來在東柏林見面了。雖然他們之間有歧見，但是大家都有一項共同的訴求，即保持和平。雖然分開了幾十年，但是東、西德的文學呈現了一種銜接在一起的基礎。大家都有共識，寫作的任務是附帶有啓蒙人民及爲一個更美好、更公正的世界而奮鬥。在一九七〇年代，東、西兩德的文學都有了變化，即是一項趨勢的轉變，從一個新的、且主觀的看法過渡到八〇年代的「後現代」（Post-moderne）。

參考書目

中文書目

丁建弘/李霞著：普魯士的精神和文化，淑馨出版社，臺北，1996年。

米尚志編譯：動盪中的繁榮——威瑪時期德國文化，淑馨出版社，臺北，1993年。

郭少棠著：德國現代化新論——權力與自由，臺灣商務印書館股份有限公司，臺北，1993年。

陳廷璠譯，Lynn Thorndike著：世界文化史，臺灣中華書局印行，臺北，1970年。第四版。

張威廉主編：德語文學詞典，上海辭書出版社，上海，1991年。

趙復山譯：Friedrick Heer著：歐洲思想史，中文大學出版社，香港，2003年。

賴麗琇編著：新德國，中央圖書出版社，臺北，1994年。

賴麗琇著：德國文化史，中央圖書出版社，臺北，2002年。

賴麗琇著：德國史（上）（下）五南圖書出版股份有限公司，臺北，2003年。

賴麗琇著：德國人入門，五南圖書出版股份有限公司，臺北，2013年。2015年，第二版。

賴麗琇著：解讀德國文學名著，五南圖書出版股份有限公司，臺北，2015年。

羅漁著：西洋中古文化史，文景出版社，臺北，1973年。

德文書目

Kappler, Arno: Tatsachen über Deutschland. Societäts-Verlag, Frankfurt/Main, 2007.

Die Bundesregierung: 25 Jahre Freiheit und Einheit. Presse- und Informationsamt der Bundesregierung, Berlin, 2014.

Die Bundesregierung: 25 Jahre Freiheit und Einheit. Presse- und Informationsamt der Bundesregierung (Bildband), Berlin, 2014.

H. A. und E. Frenzel: Daten deutscher Dichtung. Chronologische Abriss der deutschen Literaturgeschichte. Band I. dtv., München, 1971.

Zentner, Christian: Der große Bildatlas der Weltgeschichte. Unipart-Verlag, Stuttgart, 1996.

Zettel, Erich: Deutschland in Geschichte und Gegenwart. Ein Überblick. Neubearbeitung, Max Huber Verlag, Ismanig, 1995.

童話及浪漫之路路線圖

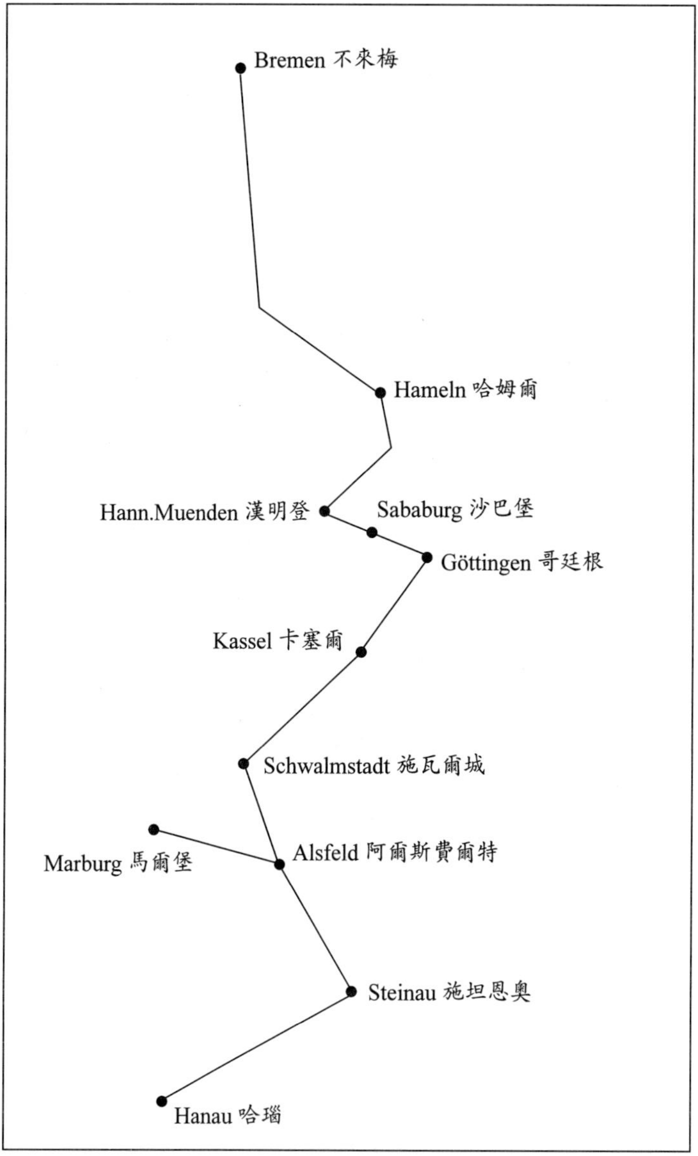

童話之路路線圖（資料來源：德國旅遊手冊，2015 年，第 76 頁）

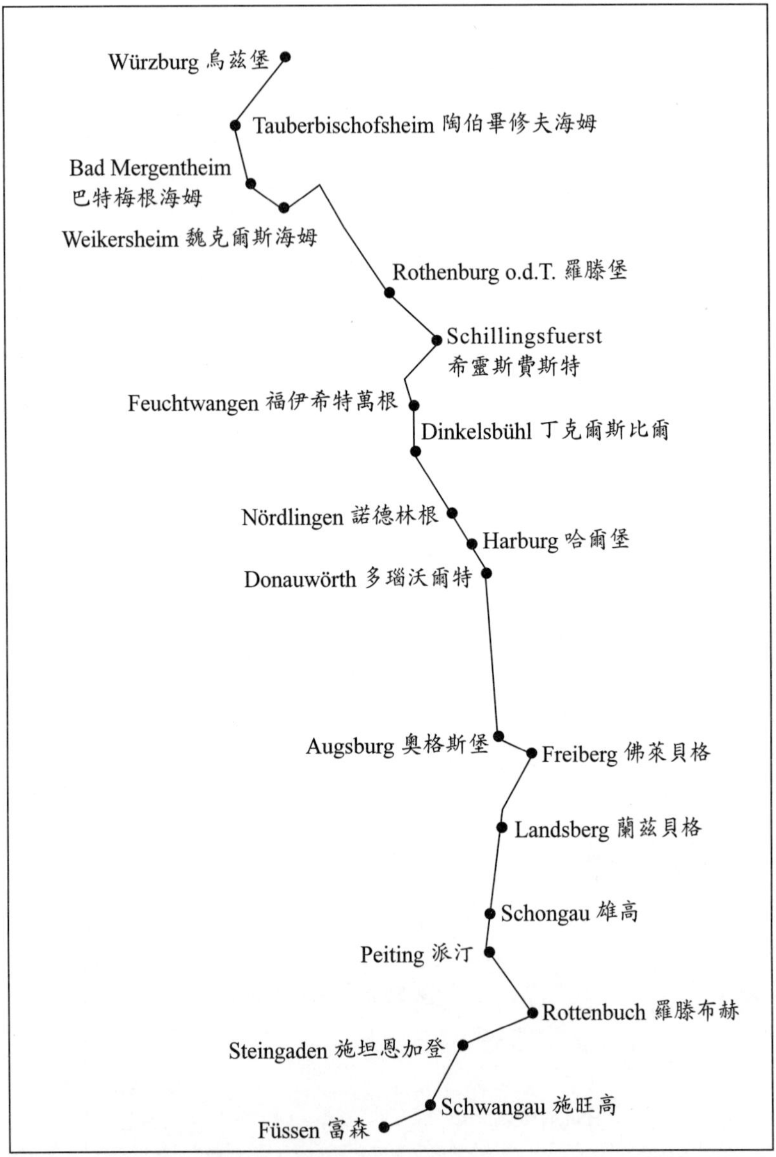

浪漫之路路線圖（資料來源：德國旅遊手冊，2015 年，第 76 頁）

博雅文庫 161

讚歎，德意志

作　　者　賴麗琇(393.9)
發 行 人　楊榮川
總 編 輯　王翠華
執行主編　朱曉蘋
執行編輯　吳雨潔
封面設計　陳翰陞
出 版 者　五南圖書出版股份有限公司
地　　址　106台北市大安區和平東路二段339號4樓
電　　話　(02)2705-5066
傳　　真　(02)2706-6100
劃撥帳號　01068953
戶　　名　五南圖書出版股份有限公司
網　　址　http://www.wunan.com.tw
電子郵件　wunan@wunan.com.tw
法律顧問　林勝安律師事務所　林勝安律師
出版日期　2016年5月初版一刷
定　　價　新臺幣260元

國家圖書館出版品預行編目（CIP）資料

讚歎，德意志 / 賴麗琇著. -- 初版. -- 臺北市：五南, 2016.05

面；　公分. --（博雅文庫；161）

ISBN 978-957-11-8588-0（平裝）

1.德國史

743.1　　105005286